AF433891

* 9 7 8 9 9 4 8 0 4 1 4 5 0 *

الإهداء

لوالِديَّ الحبيبين، لأسرتي وإخوتي وزوجتي وأولادي، لأساتذتي.. من تعلمت على أيديهم، لزملائي وأبناء وطني، أهديكم بما تسعفني الذاكرة من محطات جميلة ماضية ولعلها تكون مخلدة بإذن الله للأجيال القادمة! أهديكم هذا الكتاب.

م. ناصر عبد اللطيف بن حماد

هندسة دبلوماسية الفضاء والاتصالات

ذكريات وتجارب في الدبلوماسية وشؤون المنظمات

AUSTIN MACAULEY PUBLISHERS™

LONDON • CAMBRIDGE • NEW YORK • SHARJAH

الرقم الدولي الموحد للكتاب 9789948041450 (غلاف ورقي)
الرقم الدولي الموحد للكتاب 9789948041467 (كتاب إلكتروني)

رقم الطلب: MC-10-01-1916927
التصنيف العمري: E

تم تصنيف وتحديد الفئة العمرية التي تلائم محتوى الكتب وفقًا لنظام التصنيف العمري الصادر عن المجلس الوطني للإعلام.

الطبعة الأولى 2022
أوستن ماكولي للنشر م. م. ح
مدينة الشارقة للنشر
صندوق بريد [519201]
الشارقة، الإمارات العربية المتحدة
www.austinmacauley.ae
+971 655 95 202

شكر وتقدير

الشكر والتقدير لكل من ساهم في إنجاح هذا العمل المتواضع. الشكر موصول لمديريَّ السابقين الذين شَرُفتُ بالعمل معهم واكتسبت من علمهم وخبرتهم الكثير، ومنحوني شرف ذكر أسمائهم في هذا الكتاب، وإلى شخصيات أخرى عزيزة على قلبي كان لها أكبر الأثر، وإلى زملائي الكرام الذين أُكِن لهم كل المحبة والاحترام. شكراً لكم.

مقدمة

البداية كانت في تاريخ 15 مارس لعام 2021م في مكتبي بوكالة الإمارات للفضاء وتحديداً عند الساعة الثامنة والنصف صباحاً، عندما تملكتني تلك الشرارة النابعة بقوة من داخلي وقررت حينها أن أمسك قلمي وأخط بيدي قصتي وتجربتي وسرد جزء من مسيرتي وقصص نجاحي ونجاح دولتي منذ تخرجي في جامعتي كلية اتصالات للهندسة – في عام 2001م (تُعرَف بجامعة خليفة في وقتنا الحالي).

انضممت إلى فريق وكالة الإمارات للفضاء في 21 من شهر يوليو لعام 2017م حتى اليوم، وقضيت قرابة العشرين عاماً (2001 حتى 2021م) متنقلاً ما بين ثلاث جهات حكومية هي: وكالة الإمارات للفضاء، وهيئة تنظيم الاتصالات والحكومة الرقمية، ومؤسسة إمارات للاتصالات – إحدى المؤسسات الإماراتية الرائدة في مجال الاتصالات والتي انطلقتُ منها.

أتحدث في كتابي هذا عن فترة تجاوزَتِ العشرين عاماً تقريباً منذ تخرجي في الجامعة، ذلك الصرح الجامعي المرموق في دراسة الهندسة وعلوم الاتصالات والكمبيوتر بالدولة، والتي يقع مقرها اليوم على امتداد شارع دوار الكويت المعروف في إمارة الشارقة الباسمة.

قضيتُ في هذه الكلية أياماً جميلة لا تُمحَى مِن الذاكرة سأتحدث عنها في هذا الكتاب، والتحديات التي واجهتها وتغلبت عليها بفضل من الله تعالى وبالعزيمة والإصرار، وكما يقولون: أحلى الأيام تلك التي قضاها الطالب أو الطالبة على مقاعد الدراسة والجامعة.

هناك شخصيات قيادية من داخل الدولة وخارجها كانوا جزءاً هاماً في هذه المسيرة الشخصية المهنية المتواضعة، في مقدمتهم والدي وحبيبي ومعلمي عبد اللطيف محمد بن حمَّاد، وكيل وزارة الاقتصاد والتخطيط، ووكيل الهيئة العامة للمعلومات سابقاً، سأتحدث عنهم جميعاً لاحقاً والذين أُكِنُّ لهم كل الفضل بعد الله سبحانه وتعالى.

كذلك مِن الأصدقاء والرفقاء الذين بنيتُ معهم أجمل الذكريات وكانوا بالنسبة لي أكثر من أصدقاء بل إخوة لي لَم تلدهم أمي!

الفصل الأول
ذكريات الجامعة

أعود للوراء قليلاً لتلك الفترة من حياتي التي عشت فيها أجمل لحظاتي مع الرفقة والأصدقاء والمعلمين ومدير الجامعة، أعود إلى عام 1995م عندما أنهيت دراستي الثانوية بمدرسة أبوظبي الثانوية الكائنة في مدينة البطين حالياً (أتصور ربما لم تعد هذه المدرسة موجودة)، وقررت أن ألتحق حينها لتكملة الدراسة في كلية اتصالات للهندسة، الكلية الرائدة ليس على مستوى الدولة فحسب بل على مستوى العالم أيضاً والتي يعود تأسيسها إلى عام 1989م كأول كلية متخصصة في علوم الهندسة وخاصة هندسة الاتصالات بدولة الإمارات العربية المتحدة.

لن أخفي حقيقةً إذا قلت إنني اشتقت كثيراً إلى مدرستي الثانوية، أتذكر فيها المعلمين الأفاضل الذين أكنُّ لهم كل احترام وتقدير إلى يومنا هذا، منهم مدير المدرسة، ومدرس

اللغة الإنجليزية، ومدرس الرياضيات، ومدرس اللغة العربية رحمة الله عليه الذي آلمَنا جميعاً رحيله، حيث وافَته المنية هو وأولاده الستة بحادث الغرق الشهير على شاطئ الراحة بأبو ظبي، ويومها انتابنا جميعاً طلاب الفصل - 13 حزنٌ شديدٌ لوفاته.

كنتُ متفوقاً ولله الحمد، وحصلتُ على نسبة 88%، وهي الأعلى بين إخوتي في شهادة الثانوية.

ساعدني والدي وحبيبي في اتِّخاذ قرار الانضمام إلى هذه الكلية بالشارقة، وتوكلتُ حينها على الله، وتمَّ قبولي بالكلية، حيث كنتُ أمكث بسكن الطلاب المتواجد بحرم الكلية، وكنت في نهاية الأسبوع أتوجه إمَّا إلى أبوظبي أو إلى مدينة الرمس بإمارة رأس الخيمة (مسقط رأسي).

لَم يكُن لديَّ حقيقة خيارٌ آخَر، فكنتُ أمام قرارين إمَّا الالتحاق بهذه الكلية أو السفر إلى خارج الدولة، غير أنني لكوني الابن الوحيد من الذكور والأكبر بين إخوتي، فضَّلتُ عندها البقاء إلى جانب والديَّ الحبيبين وعدم السفر خارج الدولة، ولكون والدي أيضاً مِن الحالمين الأوائل الذين عملوا على تأسيس الأجندة الرقمية والحاسوبية في الدولة، وقام بتأسيس أول مركز وطني للحاسوب بالدولة يدعى آنذاك **المركز الوطني**

للحاسب الآلي والذي تم تغيير مسمَّاه فيما بعد إلى الهيئة الوطنية للمعلومات، وكان والدي وكيلاً لهذه الهيئة الاتحادية قبل انتقاله للعمل في وزارة الاقتصاد والتخطيط كوكيلٍ للوزارة.. كل ذلك ساعدني حقيقة في اتخاذ قراري بالانضمام إلى كلية اتصالات للهندسة.

الجميل في هذه الكلية أنني أشاهد اليوم عدداً من خريجي هذه الكلية من المسؤولين الذين حصدوا مناصب قيادية داخل وخارج الدولة لهم بصماتهم الطيبة والجلية في شتى المجالات، وأدعو الله العلي القدير أن يوفقنا وإياهم جميعاً في خدمة الوطن الغالي.

ولا أنسى من هؤلاء سعادة الأخ الكبير والأستاذ القدير مدير الكلية سابقاً، والذي أكنُّ له كل محبة واحترام وتقدير ما حييت، ولا أنسى فضله عليَّ بعد الله سبحانه في تشجيعه لي، وكان سبباً في نهوضي بعد تعثري في إحدى سنوات الدراسة.

كان سعادة مدير الكلية وهو رجل قدير ومعروف في مدينة الشارقة مديراً لهذه الكلية، بل من مؤسسيها والذي تعلَّمنا منه جميعاً كطلبة معنى احترام البيئة التعليمية والحرم الجامعي والمواظبة والاصرار لتحقيق النجاح.. كان رجلاً طيباً صارماً في قراراته، شديداً في مواقفه، قوياً في شخصيته، حنوناً على

أبنائه الطلبة، لا أخفي أنني شخصياً كنت أنظر إليه نظرة إعجاب وتقدير لمكانته العالية كمكانة والدي، وإلى اليوم ما زلت أتواصل معه في جميع المناسبات والأعياد.

ما زلت أتذكر مشاهد كثيرة وذكريات مرت علينا كطلاب الدفعة السابعة (**رقمي الجامعي هو 726، أتذكره جيداً**).

من بعض هذه الذكريات الجميلة في حرم الكلية والتي ما زالت عالقة في ذهني إلى اليوم هو حادثة كسر رجلي اليمنى عندما كنت ألعب كرة القدم مع زملائي في الساحة المخصصة، وقتها اشتبكتُ مع أحد الزملاء كان في الدفعة الرابعة أو الخامسة (**أتصور يعمل حالياً في مؤسسة إمارات للاتصالات**) وكنت حينها بالدفعة الثالثة، وقد أدى هذا الاشتباك إلى كسر في مشط رجلي اليمنى، وكسر آخر في كاحل قدمي.

بل إن واحدة مِن الذكريات الأليمة وأقول أليمة لما كان لها من أثر بالغ في نفسي أثناء الجامعة والتي علَّمَتني درساً قاسياً إلى اليوم وهو التحدي الدراسي الذي واجهني لأول مرة في حياتي الجامعية وذلك بينما كنت في السنة الثالثة في الكلية، وللأسف الشديد أدى إهمالي اللافت بالدراسة إلى عدم اجتيازي للسنة الثالثة مما سبَّب لديَّ إحباطاً شديداً وكانت

بمثابة ضربة قاسية على رأسي لكي أصحو قليلاً وأنتبه جيداً، **وهذه أولى تجاربي في الحياة.**

ففي صباح يوم من الأيام في الكلية، وإذا بباب غرفتي يطرقه رحمة الله عليه الأستاذ والأخ والصديق من السودان مشرف شؤون الطلبة والسكن الذي كنا نحترمه كثيراً لكونه قريباً من قلوب جميع الطلبة (ألف رحمة واسعة عليه، توفي بعد صراع مع المرض)، فتحتُ له الباب بكل ترقب وإذا به يفزعني بخبر عدم اجتيازي لبعض المواد الدراسية، وأنه عليَّ إعادة الامتحان بها من جديد حتى أستطيع الانتقال إلى السنة التالية، لا أخفي أنني كنت متوقعاً هذا، وقد نزل علي الخبر كالصاعقة، ولم أتمالك نفسي لسماعه منه رحمه الله.

أذكر فيما بعد أنني كنتُ في منزلنا بأبو ظبي عندما تلقَّيتُ مكالمة من إدارة الكلية يبلغونني أنني لم أتجاوز امتحانات الإعادة، وأنه عليَّ إعادة السنة الدراسية الثالثة كاملةً لا محالة، ولم أعرف وقتها كيف أفاتح أمي وهي جالسة في الصالة وبالأخص كنت أرى صورة أبي أمام عينيَّ، ذلك الرجل الناجح الطموح وهو يسمع هذا الخبر غير المرغوب به بتاتاً، فقرَّرت بكل شجاعة أن أفاتح أمي – حفظها الله – بالخبر وعيناي يملؤهما الحزن والدموع، وأتذكر أنني قلت لها بحرقة من قلبي

بأنني لن أكمل الدراسة وسأغادر هذه الكلية لا محالة.. طبعاً رأيت دموع أمي تنهمر منها، ولم تتمالك نفسها، كيف لا وهي ترى ابنها الوحيد في هذه الحالة وهو في منتصف طريقه الدراسي؟!

وعرف والدي بالخبر من أمي، وأتذكر جيداً في مساء ذلك اليوم دخلتُ عليه غرفة النوم، كان جالساً فرأيت الألم والحزن بعينه الأولى، وبالثانية رأيت الأب الحنون الذي يخاف على مستقبل ابنه الوحيد.

رآني وأخذ يحدثني بصوت خافت بأمرلم أسمع به من قبل، ونزل على فؤادي كالبرق والرعد في السماء، أباح لي بأنه يتعرض لمرض خطير بالرأس بسبب زيادة ضغط الماء به مما قد يسبب مضاعفات يمكنها أن تتطور إلى مضاعفات غير حميدة بالمستقبل.

لَم أتمالك نفسي عند سماعي لهذا الخبر الصاعق، وهبطت على رجليه وأنا أحس بالذنب، ولم أتفوه بكلمة واحدة. لم يتكلم أبي إطلاقاً، بل لمحت عينيه وكانتا كفيلتين بأن تبوحا لي عمَّا يجول في نفسه بتلك اللحظة.

وفي منتصف الليل من ذلك اليوم قررتُ حينها أن أُحدِث تغييراً في نفسي، وتملَّكتني شرارة بداخلي تدفعني بقوة لأن

أُحدِث ذلك التغيير. *"إن اللحظات الفارقة لدى أي إنسان تنبع دوماً من لحظة شرارة وطرق في ناقوس الخطر وصراع داخلي بين جميع أجزاء الجسد والعقل بأن لا شيء مستحيل".*

قررتُ حينها مغادرة المنزل والعودة إلى الكلية بالشارقة ولسان حالي يقول "هأنا هنا".. "أنا سأتغير" بعون الله.

أتذكر أنني كتبت رسالة في ذلك المساء لأبي وأمي (للأسف أتمنى لو كنت أملك هذه الرسالة اليوم) وتركتها على باب المنزل ورحلت وأنا متوكلٌ على الله.

أتذكر جيداً طيلة المسافة مِن أبو ظبي إلى الشارقة وأنا غارق بالتفكير ما عساي أن أفعل، وكيف أخلق هذا التغيير، وهل سأتحسن أم سأبقى على حالي؟ كلها أسئلة راودَتني في مخيلتي وقلبي، وكنت أجيب نفسي بأنني عازم على التغيير من أجلي وأهلي وإرجاع الثقة بي فيمَن هُم حولي.

دخلتُ غرفتي بعد وصولي لأنام، وعند الصباح كنت ناصراً آخر تماماً، وهذا أول درس وتجربة تعلَّمتُه في حياتي وهو *"تعثَّر وانهض لا عيب في ذلك لطالما كانت هناك عزيمة وإرادة للتغيير للأفضل".*

طبعاً هناك دروس كبيرة جداً من هذا التحدي وإعادة سنة دراسية كاملة كانت ثقيلة على نفسي وأمام زملائي الذين سأراهم يتخرجون قَبلي، وإحساسي بخيبة أمل كبيرة بينهم، إحساس كبير على أي طالب، لكنها الحياة تقسو أحياناً علينا لتُخرج أفضل ما لدينا بالمستقبل، وأعتبر نفسي من هؤلاء!

وأقوم بإعادة السنة الدراسية الثالثة من جديد مع أصدقاء وزملاء جدد أكنُّ لهم كل احترام، وتربطنا جميعاً علاقة قوية بالتواصل المستمر معهم إلى اليوم، فأنا ابن الدفعتين السابعة والثامنة في الكلية.

الجميع حقيقة من معلمين وزملاء لاحظوا عليَّ هذا التغيير الجذري في الدراسة وإغراق نفسي بالدراسة والحفظ والاجتهاد في المذاكرة! أتذكر جيداً كيف كنت أذاكر دروسي وأقوم وقت الامتحانات بشكل خاص بزيارة الزملاء في غرفهم في الصباح الباكر لأشرح لهم ما يحتاجونه وأقدِّم المساعدة، وبذلك أقوم بالمراجعة لنفسي في ذات الوقت، وما زلت أعلِّم هذه الطريقة لأولادي إلى اليوم.

لحظات جميلة جمعَتنا ببعض في هذه الكلية العريقة والتي ما زلت أتذكرها جيداً شِبراً شِبراً.. كيف لا ويقولون إنَّ أجمل

الأيام هي تلك التي يقضيها الطالب في حرم الجامعة مع زملائه ورفقائه.

أتذكر حتى إنني في يوم ما أخذت أولادي (حامد وفاطمة واليازية وشيخة) وهم صغار لزيارة الكلية ومشاهدتها في إمارة الشارقة، وكانوا سعداء جداً لرؤية الكلية التي درس فيها أبوهم.

أتذكر كل شبر في الكلية، السكن القديم، السكن الجديد، مشرف البوابة الخارجية ومشرف الصالة الرياضية والذي كنت أزوره باستمرار في مكتبه بالمساء بعد انتهائي من الدراسة والمذاكرة لأستمتع معه بالحديث والضحك، أتمنى أن يكون هو وعائلته بصحة وسلامة، ومن حسن الحظ أن كان لي في الكلية بعض الزملاء من هم من أهلي وأقربائي، وأتذكر جيداً كيف كانت دهشتنا عندما علمنا بصلة القرابة التي تربطنا ببعض ونحن ندرس في نفس الكلية.

ولا أنسى أبداً فضل الأساتذة والمعلمين الكرام الذين وقفوا بجانبي عندما قمت بإعادة السنة الدراسية، وجميعهم أضعهم فوق رأسي، وآخرين آمنوا بي ووقفوا إلى جانبي وشدوا من أزري، وما زلت إلى اليوم لا أقطع وصالي بهم على الدوام، بل إن أحدهم يُعتبَر حالياً أحد المشرفين على رسالتي في الدكتوراه في العلاقات

الدولية والدبلوماسية التي أقوم بتحضيرها في الوقت الراهن وبكل فخر، وهو البروفيسور الدكتور رائد شوبير الذي أكنُّ له كل محبة واحترام، وطبعاً أولاً وأخيراً مدير عام الكلية الأستاذ الفاضل والأخ الكبير لنا جميعاً سعادة سالم العويس والذي لا أنسى ما حييت وقوفه بجانبي طيلة الأوقات الصعبة، وتفهُّمه للظروف، وتشجيعه المستمر لي للنهوض من جديد، وكان نتيجة ذلك كله، وحرصي واهتمامي ووقوفي من جديد، وعزيمتي بالتغلب على التحديات، وإيمان والديَّ بي وأسرتي مِن حولي بأن تفوقت ولله الحمد، وحققت المرتبة الرابعة على الدفعة، وأيقنت حينها أنَّ ذلك من فضل ربي عليَّ بأن سخر لي العزيمة والإرادة بأن أتغلب على نفسي بالتفوق والنجاح وإعادة السنة الثالثة بنتائج لافتة ليخرج مني أفضل ما عندي، وهي الحكمة من المولى – عز وجل – حين يضع البشر في مواقف ومِحَن يريد بها أن يخرجك قوياً منتصراً، وكما قيل: **كل شخص ناجح لديه قصة مؤلمة، وكل قصة مؤلمة لها نهاية ناجحة، فتقبَّلِ الألم، واستعِدَّ للنجاح.**

وتمضي أعوام الدراسة، ويأتي العام الرابع عليَّ مبشراً وسعيداً كالعام الذي سبقه، كيف لا وأنا أحقق بفضل من الله نجاحاً آخرَ لافتاً بحصولي على مرتبة متقدمة في آخر العام

وهو الترتيب الخامس على الدفعة، وأيضاً لكونه عاماً سعيداً عليَّ بسبب زواجي من ابنة عمتي في 9 أغسطس من العام 2000م وأنا ما زلت طالباً على مقاعد الدراسة بالسنة الرابعة في تجربة أخرى لي من تجارب الحياة الجميلة.

أتذكر جيداً حفل الزفاف الذي أقامه والدي حفظه الله في مسقط رأسي بمدينة الرمس والذي شرفنا حضور بعض الشيوخ من أعيان البلاد، وعدد غفير من الأصدقاء وزملاء الدراسة وبعض الوزراء والوكلاء والمسؤولين بالدولة رفقاء الوالد حفظه الله.

أن تتزوج وأنت في السنة الدراسية الأخيرة ليس بالأمر السهل إطلاقاً لكنه ليس مستحيلاً، إذا أيقنت التدبير والإرادة وحسن التيسير والتصرف بجميع الأمور، فهذه مسؤولية كبيرة يجب على الطالب الجامعي أنْ يحسن إدارتها والتوفيق ما بين الدراسة ومسؤولية الزوجة والمنزل والأولاد في نفس الوقت.

أتذكَّر جيداً أنني كنت أحصل على المساعدة الاجتماعية من وزارة الشؤون الاجتماعية آنذاك بجانب المصروف الشهري الذي كان يقدمه لي والدي حيث أراد والدي أنْ يعلمني درساً بالاعتماد على نفسي وتحمل المسؤولية، فلكم أن تتخيلوا كيف هي المسؤولية في ذلك كله، لكن لذلك طعماً آخر أيضاً،

فأن تتزوج مبكراً وترزق بأولاد يكبرون معك بفارق سـن صـغير له شـعور كبير جداً في النفس، فابني حامد (أكبر أولادي) ولله الحمد يدرس حاليًا العلاقات الدولية بكلية العلوم الإنسانية بجامعة زايد، وسأساعد ابني على الزواج المبكر إن شاء الله إذا أراد كما ساعدني أبي!

أتذكر جيداً في مساء يوم من الأيام كنت وزوجتي نزور أحد المستشفيات بإمارة الشارقة للاطمئنان على صحة الجنين الأول في بطن أمه، وهنا تأتي الصاعقة الكبيرة علينا، إذ تخبرنا الدكتورة بأن ابننا – وكان ذكراً – مصاب بمرض الضمور في رأسه بسبب كبر حجم الرأس غير العادي بهذا العمر، وهو مرض يُعرَف باسم **"استسقاء الرأس أو الدماغ"** أو باللغة الإنجليزية Macrocephaly.

حقيقة لَم نفهم أبداً منها ما تقول، وكنا مندهشين تماماً، والخوف تملّكنا بين أعيننا وفي قلوبنا، هل يعني ذلك أن ابننا سيولد مريضاً أم سيموت ببطن أمه أم سيولد ورأسه كبير؟ كل تلك كانت أسئلة تدور في مخيلتنا أنا وزوجتي نبحث عن إجابة واضحة لها.

أتذكر أننا قمنا أيضاً وقتها بعرض موضوع الجنين على لجنة استشارية ودينية في مستشفى الكورنيش بأبوظبي ما إذا

كان جائزاً شرعاً إسقاط الجنين أم لا، وكانت الإجابة كما أتذكر بأن الروح قد بُثَّت في الجنين ولا يجوز إسقاطه.

أتذكَّر كم كان ذلك قاسياً علينا عند تلقينا الخبر وخاصة عليَّ أنا شخصياً، حيث كنت بالسنة الأخيرة من الدراسة بالكلية، وكنت أخشى أنْ يؤثر ذلك عليَّ مجدداً في تحصيلي الدراسي كما كانت تجربتي الأولى، إلا إننا توكلنا على الله وتشاء قدرة المولى – عز وجل – بأن تنجب زوجتي مولودنا الأول في يوليو من عام 2001م لكنه كان متوفًّ، حيث قام الأطباء في مستشفى الكورنيش بأبو ظبي بحماية الأم من أي مضاعفات بسبب كبر حجم الرأس غير العادي حتى لا يتسبَّب ذلك في زيادة ضغط الدم للأم أثناء العملية والتأثير على حياتها.

تسبب ذلك في ألم نفسي كبير لي لزوجتي، ولكننا خرجنا منه أكثر صلابة ولله الحمد إلى أن كتب الله – عز وجل – بأن نُرزَق بمولودنا الأول في 24 مِن سبتمبر 2002م، وسمَّيناه (**حامداً**).. نحمده سبحانه على كل شيء أولاً وأخيراً.

ويأتي العام الأخير من الدراسة، وتفوقي فيها بجدارة، وأتذكر جيداً تلك المكالمة ظهراً مع والدي حين بشَّرتُه بنجاحي وتفوقي في السنة الأخيرة، حيث حصلت على بكالوريوس هندسة الاتصالات بدرجة امتياز مع مرتبة الشرف الأولى ولله الحمد، حينها تذكرت

مبتسماً تلك اللحظة المؤلمة التي تعرضت لها سابقاً في العام الدراسي الثالث وكانت سبباً في تغييري للأفضل، ويقيني بأن ذلك كان خيراً لي ولأهلي كتبه الله عزوجل لي.

وهنا نتعلم بأن "تعثرك ليس عيباً أبداً طالما يخلفه نجاحٌ آخر".

الفصل الثاني
البداية مع اتصالات

تناولت بالفصل الأول عن بداياتي في المرحلة الجامعية وما حل بي من تحدٍّ دراسي ترك جرحاً عميقاً في نفسي، تغلبت عليه وتجاوزت بفضل من الله ذلك بتفوق ونجاح بشهادة الجميع من حولي، تعلمت من ذلك درساً مهماً وهو "عدم الاستسلام والإرادة والعزيمة".

في هذا الفصل، سأتناول مرحلة أخرى جميلة وهامة في حياتي وهي مرحلة تواجدي في إحدى مؤسسات الدولة الرائدة بمجال الاتصالات وهي **"شركة اتصالات"** هذه المؤسسة العريقة التي يعود تأسيسها إلى الخامس من أكتوبر من عام 1976م أي بعام واحد قبل ولادتي وهو منزلي الوظيفي الأول وأسرتي المهنية الأولى في حياتي بعد تخرجي في الكلية والتي يُعتَبَر

أكثر مهندسيها العاملين فيها مِن خريجي كلية اتصالات للهندسة وبكل فخر!

لم أكن أتوقع أبداً أن زميل الكلية التي درست بها الأخ (طارق عبد الكريم العوضي) والذي التقيته في الكلية وقتها كان هو بالسنة الأخيرة وأنا في السنة الثالثة، إنه هو ذاته مَن سأعمل معه ضمن فريقه في مؤسسة اتصالات كأول رئيس لي بالعمل الحكومي، أكنُّ له كل احترام وتقدير؛ فهو من علَّمني في بداية حياتي العملية عن معنى إدارة الطيف الترددي والذي يعتبر من الموارد الوطنية الهامة على مستوى الدول والحكومات، وهو أول مَن علَّمني وأرشدني إلى منظمة الاتحاد الدولي للاتصالات تلك المنظمة العريقة للأمم المتحدة التي يعود تأسيسها إلى عام 1865م بجنيف والتي تشرفت بأن أمنح مِن قِبل أمينها العام في أكتوبر من العام 2018م وفي دبي تحديداً الميدالية الفضية بعد قضاء فترة الثمانية عشر عاماً في دعم أعمالها ومتابعة أجندتها وخدمة بلادي من خلال رفع سمعتها عالياً في هذه المنظمة العريقة.. فللمهندس طارق مني كل التقدير والعرفان، وإلى اليوم مستمرون في تواصلنا معه في كل المناسبات والأوقات.

وفي الأول من سبتمبر للعام 2001م وقبل حادثة برجي نيويورك الشهيرة بأمريكا، كان أول يوم لديَّ في هذه المؤسسة الإماراتية العريقة بوظيفة **"مهندس شؤون الاتحاد الدولي للاتصالات"** وهي أول وظيفة رسمية لي بعد الجامعة وكان عمري آنذاك أربعة وعشرين عاماً.. أتذكر جيداً ذلك اللقاء الهاتفي الذي جمعني بالمهندس طارق العوضي بعد تخرجي في الكلية حيث قال لي بأنه يرغب بأن أكون منضماً إلى فريقه لأقوم بمتابعة أعمال وشؤون منظمة الاتحاد الدولي للاتصالات، حيث تعد دولة الإمارات أحد أعضائها منذ عام 1972م إلى اليوم.

وتعتبر المؤسسة من المؤسسات الإماراتية الرائدة في مجال الاتصالات ليس على مستوى الشرق الأوسط فحسب بل على مستوى العالم، ولا أبالغ القول إنَّ حلم أي مهندس آنذاك كان الالتحاق إليها، وأشعر بالفخر والاعتزاز أن كنت أحد أبناء وخريجي هذه المؤسسة الرائدة في يوم ما.

أتذكر جيداً الإدارة التي عملت بها آنذاك وكانت إدارة العمليات "operation"، تحت رئاسة أستاذ فاضل أكن له احترام بالغ وتقدير وإلى اليوم على تواصل دائم معه.

لم أمكث طويلاً في اتصالات حيث كانت فترة عملي من (سبتمبر 2001م حتى يوليو 2006م)، تعلمت على يد المهندس طارق كما أسلفت مهارات إدارة الطيف الترددي وبالأخص متابعة أعمال منظمة الاتحاد الدولي للاتصالات والتعاون الدولي وتعزيز العلاقات مع مجلس التعاون الخليجي والجامعة العربية، وهو بذلك يكون أول من علَّمني فنون الدبلوماسية الدولية في المنظمات العالمية المتخصصة ، وعلَّمني المعنى الحقيقي للشراكات الدولية وكيفية الدفاع عن مصالح الدولة في مجال الاتصالات في هذه المحافل العالمية والمنظمات العريقة.

وكانت تلك الفترة هي أولى انطلاقاتي الحقيقية في تعلم فنون ومهارات العلاقات الدولية، ومتابعة أعمال المنظمات الدولية، كمنظمة الاتحاد الدولي للاتصالات، والجامعة العربية، ومجلس التعاون وغيرها، وكنت وقتها في الخامسة والعشرين من عمري.

أتذكر أول مهمة رسمية دولية لي كانت في فبراير من العام 2003م، عندما سافرت مع وفد من الدولة من اتصالات والثريا والقوات المسلحة ووزارة المواصلات آنذاك لحضور مؤتمر دولي بارز للمنظمة بجنيف وهو **"الاجتماع التحضيري لمؤتمر الاتصالات العالمي للراديو"** ويدعى باللغة الإنجليزية Conference " "CPM" Preparatory Meeting" والذي كان مسؤولاً عن التحضير لأكبر

المؤتمرات الدولية في الاتصالات الراديوية على مستوى العالم. وقد شارك بهذا الاجتماع التحضيري والذي امتد لقرابة أسبوعين عدد غفير من الدول الأعضاء والحكومات وأصحاب المصلحة (**معلومة: يوجد بالمنظمة اليوم عدد 193 دولة عضواً**)، وقد تعرَّفت من خلال هذا الاجتماع بجنيف على الكثير من الأصدقاء والوفود الخليجية والعربية، وكان أول محفل عالمي بالنسبة لي أتعرف من خلاله على شبكة واسعة من المعارف والأصدقاء الدوليين من كل أنحاء العالم في مجال الاتصالات.

أتذكر جيداً من الأصدقاء والأساتذة الذين التقيتهم في ذلك الاجتماع التحضيري منهم الأستاذ القدير (محمود مبارك سيار) من مملكة البحرين، هذا الرجل الذي أعتبره بمثابة والدي ومعلمي، وإلى اليوم متواصلون معه بالخير وجمعتني معه علاقة عمل طويلة امتدت لأكثر من سبعة عشر عاماً، وهو من كان يدير المكتب الفني للاتصالات لمجلس التعاون الخليجي لفترة طويلة مسؤولاً عن ملف التعاون الخليجي في مجال الاتصالات بالمنطقة، وغيرهم من الأساتذة الأفاضل الذين لا أريد أن أبخس حقهم عليَّ، أكنُّ لهم الاحترام والعرفان من المنطقة العربية. كنا مع هذه الرفقة من الأساتذة والأصدقاء نبني مواقف عربية

موحدة في هذا المؤتمر اتجاه قضايا دولية هامة في مجال الاتصالات الراديوية.

ولأنها كانت بالنسبة لي المهمة الدولية الرسمية الأولى في حياتي المهنية، أتذكر جيداً كيف كنت أراجع مع والدي حفظه الله ليلة سفري إلى جنيف بعض الأمور والإرشادات التي قدمها لي في ليلة سفري بدءاً من الوصول إلى المطار ثم الانتقال إلى البوابة والوصول إلى الوجهة والانتقال إلى الفندق وغيرها من التعليمات والإرشادات التي أحبَّ والدي أن ينقلها لابنه قبل مغادرته في أول مهمة خارجية له لمدة طويلة، وكنت حقيقة أسجلها في دفتر صغير لي وإلى اليوم أحتفظ بهذا الدفتر مدوناً للذكريات اليومية هناك، وهي عادة تعلمتها من والدي والذي يحب الكتابة كثيراً بشكل لافت، ويسجل ملاحظاته وأفكاره وخواطره في دفاتر كثيرة.

ومن المواقف الظريفة أيضاً والتي لا أنساها هنا حيث كان والدي يعلمني كيفية عمل ربطة العنق ويشرحها لي لأكثر من مرة باستخدام رجلي، وإلى اليوم أربطها حقيقة بالاستعانة برجلي اليسرى وليس على عنقي كما هي العادة لدى الكثيرين! كانت أبرز مخرجات هذا الاجتماع التحضيري كما أتذكر جيداً أنه تم ترشيحي من الدول العربية وبدعم وتشجيع من

المهندس طارق لأن أكون مقرراً لأحد الفصول في الاجتماع التحضيري في المؤتمر العالمي للاتصالات الراديوية لعام 2007م، وهو ما أعتبره أول تكليف ومنصب دولي لي في مسيرتي المهنية في محافل دولية كهذا المحفل، وبذلك كنت أول إماراتي وخليجي يتولى منصب مقرر لأحد فصول الاجتماع التحضيري لمؤتمر الاتصالات الراديوية وهي مسؤولية كبيرة لمهندس لَم يمض على انضمامه في ميدان العمل الدولي بمجال الاتصالات لأكثر من عامين.

في هذه الفترة الممتدة بين عام 2001م وعام 2006م، شاركت ومثلت بلادي في العديد من الاجتماعات والمحافل الدولية العربية والخليجية. كنت في الواقع أسافر كثيراً في تلك الفترة إلى كل من القاهرة وبيروت ودمشق والرياض لحضور اجتماعات تحضيرية هامة عربية وخليجية وإلى جنيف تحديداً حيث تقع منظمة الاتحاد الدولي للاتصالات.

على سبيل المثال أتذكر جيداً اجتماعات فريق التشغيل والتعرفة الخليجي واللجنة العربية الدائمة للاتصالات بالجامعة العربية وفريق بلورة الاتصالات واجتماعات اللجنة الدراسية الخامسة والثامنة وفرق العمل في الاتحاد الدولي للاتصالات وغيرها الكثير، وهنا أتوجه بالتحية إلى كل زملائي

من الإخوة الأصدقاء من جمهورية مصر العربية من الجامعة العربية ومن وزارة المواصلات المصرية وهيئة تنظيم الاتصالات والذين ارتبطت بهم بعلاقة عمل امتدت لأكثر من 17 عاماً في مجال الاتصالات والعمل العربي المشترك تحديداً، وما زلنا على تواصل دائم معهم إلى اليوم.

هنا تأخذني الذكريات إلى إنسان عزيز على قلبي وقلوب كل من عاشره وتعامل معه وهو الأستاذ الراحل الفاضل والمعلم القدير نبيل كسراوي (أبو تمام) رحمه الله من سوريا الشقيقة والذي يعتبر من الكفاءات المشهود لها بالبنان في المنطقة العربية في متابعة أعمال منظمة الاتحاد الدولي للاتصالات والدفاع عن مصالح المنطقة العربية في مجال الاتصالات، فكان رحمه الله يتمتع بشخصية قوية جداً في المناقشات والمفاوضات الدولية في أروقة الاتحاد الدولي للاتصالات ولجانه، ولا أنكر أبداً فضله عليَّ وعلى غيري بتعلم فنون ومهارات التفاوض والمساومات في الأجندة الدولية حول القضايا الساخنة في مجال الاتصالات.

توفي رحمه الله في يناير من العام 2011م بجنيف عن عمر قارب التسعة والسبعين عاماً بسبب مرض عضال ألمَّ به، حيث كنت مرتبطاً معه لأكثر من عشر سنوات وأتعلَّم منه

شخصياً، وأتذكر جيداً المفاوضات الساخنة التي كانت تمتد لأحيان كثيرة ولساعات متأخرة من الليل، حيث كان رحمه الله يتولى إدارة المجموعة العربية في كثير من المؤتمرات الدولية للمنظمة وكانت هي فرص تعلم كبيرة بالنسبة لي.

كل السلام لروحه وأسرته وابنه الأكبر تمام كسراوي والذي لا زلت أتواصل معه إلى اليوم .

مرت دولة الإمارات بمرحلة هامة جداً في تلك الفترة بين عام 2001م إلى عام 2006م، حيث شهدت الدولة بعام 2004م، صدور مرسوم بقانون لتأسيس أول هيئة لتنظيم قطاع الاتصالات بالدولة.

ومن المفارقات الجميلة في مسيرتي المهنية هنا أن ينتقل المهندس طارق العوضي إلى الهيئة الجديدة لأنتقل للعمل معه بعد عام واحد من انتقاله، حيث كان انتقالي للهيئة الجديدة في يوليو من العام 2006م.

أتذكر جيداً محاولة الأستاذ الفاضل رئيس الدائرة التي كنت أعمل بها في المؤسسة ومحاولته صرفي النظر عن تقديم استقالتي من مؤسسة اتصالات والبقاء، إلا إنني قد قررت الانتقال بعد عام ونصف من تأسيس الهيئة الجديدة إلى تحدٍ جديد في حياتي المهنية حاملاً ذكريات طيبة جداً وعميقة في

نفسي وعلى قلبي جمعَتني بهذه المؤسسة العريقة والتي يعود لها الفضل عليَّ شخصياً، وكان آخريوم لدي في المؤسسة كما أتذكر جيداً في 21يوليو 2006م بحفل توديع أقامه لي الزملاء في الإدارة، وانضممت رسمياً إلى الهيئة العامة لتنظيم قطاع الاتصالات في 23 يوليو 2006م أي بعد مغادرتي اتصالات بيومين فقط، وقد قدر المولى عز وجل لي أن ألتحق أيضاً في إدارة الزميل المهندس طارق العوضي وهو أول رئيس لي أيضاً في الهيئة الجديدة، حيث تم تعييني بمنصب مديرتنسيق الطيف الترددي والعلاقات الدولية إلى أن غادرتها في يوليو من العام 2017م بمنصب مدير إدارة العلاقات الدولية بمكتب المدير العام.

الفصل الثالث

الانتقال إلى الهيئة العامة لتنظيم قطاع الاتصالات والحكومة الرقمية

صفحة جديدة في مسيرتي المهنية أبدؤها في مكان آخر ليس بعيداً عن مجال الاتصالات بل هو في عقر داره.. انتقلت إلى هيئة تنظيم الاتصالات في 23 يوليو من العام 2006م والتي أصبح اسمها اليوم "**الهيئة العامة لتنظيم قطاع الاتصالات والحكومة الرقمية**".

انضممت إلى فريق الأخ المهندس طارق مديري السابق في مؤسسة اتصالات وبداية محطة جديدة عمرها أكثر من 11 عاماً قضيت فيها أجمل الأعوام في حياتي العملية والمهنية والدبلوماسية الدولية، وتعلَّمتُ منها الكثير.

انضممت إلى إدارة الطيف الترددي بالهيئة، وكنت مديراً لقسم تنسيق الطيف الترددي مسؤولاً عن هذا الملف بالتعاون والتنسيق مع الجهات المعنية بالدولة ومع منظمة الاتحاد الدولي للاتصالات والجامعة العربية ودول مجلس التعاون لدول الخليج العربي، كان وقتها سعادة الأستاذ (محمد ناصر الغانم) مديراً عاماً لها والذي انتقل من شركة الثريا إليها، أكن لهذا الرجل كل المودة والاحترام والتقدير، حيث وقف إلى جانبي وكان له الفضل عليَّ في ترشحي لمرتين، المرة الأولى في الانتخابات المقامة بالمكسيك عام 2010م والتي لَم أوفق في اجتيازها، والمرة الثانية في الانتخابات المقامة في كوريا الجنوبية عام 2014م، وقد وُفِّقت بأن أكون أول إماراتي وخليجي يفوز بعضوية رفيعة في منظمة الاتحاد الدولي للاتصالات المنظمة العريقة، وسأتحدث عن ذلك لاحقاً.

أتذكر جيداً أول مشروع إستراتيجي أعمل عليه في الهيئة لصالح الدولة كان السعي ومحاولة الحصول على عضوية مجلس منظمة الاتحاد الدولي للاتصالات لأول مرة والمكون فقط من 48 دولة عضو من أصل 193 دولة عضو في الاتحاد.

سافرنا إلى تركيا تحديداً إلى مدينة أنطاليا في أكتوبر من العام 2006م على رأس وفد كبير برئاسة معالي وزير التطوير

الحكومي آنذاك وعضوية عددٍ من الجهات الحكومية المعنية بالدولة، مثل اتصالات، والقوات المسلحة، وهيئة تنظيم الاتصالات، وشركة الثريا، ووزارة المواصلات، لحضور أكبر مؤتمرات الاتحاد الدولي للاتصالات وهو مؤتمر المندوبين المفوضين والذي يُعقَد كل أربعة أعوام، ويتم فيه إجراء الانتخابات العامة لرئاسة المنظمة وأعضاء مجلسها المكون من 48 دولة فقط ورؤساء المكاتب الثلاثة فيها وأعضاء مجلس لوائح الراديو.

تكللت جهود وفد الدولة بالنجاح بحصول دولة الإمارات ولأول مرة في تاريخها بالمنظمة على مقعد في مجلسها المكون من 48 دولة منتخبة فقط. أتذكر وقتها كيف كانت المنافسة شديدة بين الدول الواقعة في إقليم آسيا وأستراليا والتي كانت تقع فيه دولتنا ولله الحمد، وبفضل ثقة الدول الأعضاء ومصداقية وقوة ملف الاتصالات الوطني للدولة على الخارطة الدولية ودبلوماسيتها وجهودها في أعمال المنظمة فقد تم ترشيح الإمارات لهذا المقعد لأول مرة وتم الفوز به وقد كان دوري في ذلك بأن كنت أدافع عن عددٍ من أوراق العمل العربية مع زملائي في المؤتمر وأدير بعض الاجتماعات بدبلوماسية عالية وبشهادة من حولي ولله الحمد، **كنت وقتها**

أفكر جدياً هل يمكن في يوم من الأيام أن تستضيف بلادي هذا المؤتمر الكبير للمنظمة وعلى أرضها وأن تترشح فيه لعضوية بارزة ورفيعة؟ إنه حلم كبير، ولن نقبل بأقل مما نستحق وتستحق بلادنا الإمارات!

أتذكر كيف تصدرت الصحف المحلية والعالمية خبر حصول دولة الإمارات على مقعد في مجلس أعرق منظمات الأمم المتحدة في مجال الاتصالات، ولا زلتُ أحتفظ بهذه الأخبار الصحفية وقصاصات الصحف إلى اليوم، فقد تأسست منظمة الاتحاد الدولي للاتصالات في 17 مايو من العام 1865م عندما اجتمع ممثِّلو أكثر من 20 دولة في باريس للتوقيع على أول اتفاقية للبرق والتلغراف حتى أصبح تاريخ 17 مايو من كل عام هو اليوم العالمي للاتصالات على مستوى العالم، ومِن محاسن الصدف أنني حصلت على نسخة باللغتين الفرنسية والإنجليزية لهذه الاتفاقية الأولى للبرق والتلغراف وكنت سعيداً جداً بحصولي على هذه النسخ موقَّعة من الأمين العام للاتحاد السابق ونائبه ومن بعض المسؤولين رفيعي المستوى.

هذه الفترة التي امتدت من عام 2006م وحتى عام 2010م كانت مليئة بالأحداث والمحطات الفارقة في مسيرتي المهنية الحكومية وانطلاقاتي الحقيقية كموظف حكومي في ممارسة العلاقات الدولية والدبلوماسية والقوة الناعمة للدولة في مجال الاتصالات وتكنولوجيا المعلومات تحديداً، فعلى الصعيد العربي والخليجي، شهدَت المنطقة طفرة حقيقية في مجال الاتصالات والمعلومات وبالأَخَصِّ تواجد هيئات تنظيم الاتصالات على الصعيد الدولي وخاصة في أعمال منظمة الاتحاد الدولي للاتصالات ومشاركاتها الفاعلة، حيث كانت توجد هيئة للاتصالات في كل بلد عربي تقريباً.

وهنا لا أنسى أبداً دور الراحل الأستاذ (نبيل كسراوي) حيث كان – رحمه الله – ممثلاً لسوريا في الاتحاد الدولي للاتصالات، ويُعتبَر بمثابة صوت العرب في ميدان هذه المنظمة العريقة، وقد بدأ مسيرته بالاتحاد منذ عام 1979م إلى أن توفَّاه الله في يناير للعام 2011م.

أتذكَّر جيداً عندما كنت أصل إلى مدينة جنيف في مهمة رسمية كنتُ أذهب إلى مكتبه بالاتحاد مباشرةً في المساء وأجلس معه لمناقشة الكثير من الأمور، ويُطلِعني – رحمه الله – على آخر المستجدات والتحديات أو المشاكل التي كانت تدار

في كثير من اجتماعاته، وكنت وقتها أستمتع كثيراً بجلوسي معه وأستفيد منه رحمه الله.

كان محبوباً من الجميع ولكن كانت له أيضاً إشكالات مع دول كثيرة لا يعجبهم قراراته أو تصرفاته أو حدَّته معهم في النقاش والمفاوضات.

أتذكر أنه – رحمه الله – كان موسوعة متحركة يحفظ جميع قرارات وتوصيات الاتحاد في القطاعات الثلاثة للمنظمة وهي (قطاعات الراديو، والتقييس، والتنمية)، وكان ذلك سرَّ قوته بالاجتماعات والنقاشات والمفاوضات التي كان يخوضها، ولا أنكر أني كنت معجباً بأسلوبه في ذلك!

كانت قوة المنطقة العربية آنذاك في منظمة الاتحاد الدولي للاتصالات بعد فضل الله تعالى بسببه هو – رحمه الله – بشكل كبير، وحجم الفوائد والنتائج الإيجابية والمكتسبات التي تحقَّقَت في عهده للمنطقة العربية في ميدان قطاع الاتصالات كانت جلية وملموسة بالتعاون والتنسيق ما بين جميع البلدان العربية الأعضاء بالمنظمة.

وفي الفترة الممتدة من عام 2006م إلى عام 2010م، تشرفت وكلفت برئاسة عدد من اللجان وفرق العمل الخليجية والعربية والدولية وعلى مستوى منظمة الاتحاد الدولي للاتصالات، كما

أنني ساهمت وزملائي بشكل ملحوظ في أعمال وأنشطة منظمة الاتحاد الدولي في قطاعاته الثلاثة الرئيسة الراديو والتقييس والتنمية، وفي قطاع الراديو تحديداً وهو أكبر قطاعات المنظمة، وأذكر من هذه اللجان وفرق العمل التي ترأستها بهذا القطاع على سبيل المثال لا الحصر رئاستي للفصل الثالث للاجتماع التحضيري للمؤتمر العالمي للاتصالات الراديوية، ونائب رئيس اللجنة الدراسية الرابعة المسؤولة عن الخدمات الساتلية، ونائب رئيس اللجنة الخاصة المسؤولة عن المسائل التنظيمية والإجرائية.

ولا أنسى أبداً عندما رشَّحني مديري المهندس طارق لرئاسة إحدى فرق عمل المؤتمر العالمي للاتصالات الراديوية في عام 2007 بجنيف، وهو أكبر مؤتمرات الراديو العالمية والذي يُعقَد كل أربعة أعوام.

ذكريات جميلة لديَّ في ذلك المؤتمر الراديوي العالمي 2007 بجنيف، حيث انعقد لمدة طويلة (خمسة أسابيع) تقريباً، وكانت هي المرة الأولى في حياتي أن أقضي كل هذا الوقت خارج الدولة وفي مهمة رسمية.

كان فريق العمل الذي ترأسته في ذلك المؤتمر هو فريق العمل 5A المسؤول عن عدد من الأجندات الهامة في مسائل

الطيف الترددي والمدار الساتلي، وأتذكر أنني عقدت عدداً من الاجتماعات تجاوز عددها العشرين اجتماعاً مع وفود من دول كثيرة كانت مهتمة بفريق العمل هذا وأجندته، وكانت مهمتي متمثلة في تقريب وجهات النظر بين مختلف الدول في أعمال هذا الفريق والخروج به بتوصيات متَّفَق عليها من الجميع.

أتذكَّر تلك اللحظات جيداً خصوصاً عندما انعقد آخر اجتماع لفريقي هذا الذي أترأسه بالمؤتمر، حيث كانت هناك حدَّة بالمناقشات أخذَت فترة طويلة مِن النقاش بين عدد مِن الدول في قارة إفريقيا، والبعض الآخر من أوروبا وأمريكا حول أجندة مِن الأجندات، وكان وقتها قد بقي على وقت الاجتماع القليل، وبقيت هذه الأجندة معلَّقة لم يتم حلها، فإذا بالأستاذ نبيل كسراوي – وأذكر جيداً – أنه دخل القاعة حاملاً ملفه الأصفر – رحمه الله – آخذاً موقع جلوسه بالقاعة، وإذا به يتداخل بالنقاش واضعاً فكرة أمامي قمت باستغلالها لصالح الجميع حتى تفهم كل المعارضين، وبذلك انتهى الاجتماع بموافقة كل الدول على النقطة المعلَّقة، وعندها لا أنسى التصفيق الحار الذي ملأ القاعة، وأحسست عندها بالفخر والاعتزاز على نجاحي في إدارة الاجتماع، وأحسست كذلك بامتلاكي موهبة ومهارة المفاوضات بالاجتماعات الدولية والدبلوماسية ولله الحمد في

ذلك والتي تمكِّنني مِن التوصل لحلول مرضية لجميع الأطراف دون خسارة أحد الأطراف.

أتذكر كم كنت مسروراً ذلك اليوم وهو اليوم الأخير لوفد الدولة في المؤتمر العالمي للاتصالات الراديوية والذي بقينا فيه لمدة شهر تقريباً من سهر وعمل متواصل على مدار الساعة للدفاع عن مواقف الدول العربية في المؤتمر، وكان وقتها الأستاذ نبيل كسراوي رئيساً للفريق العربي التحضيري بالمؤتمر.

أتذكر عندما ركضت مسرعاً إلى مكتبه – رحمه الله – أهنئه على نجاح المؤتمر ونجاحه شخصياً في قيادة المجموعة العربية والخروج بنتائج إيجابية للوطن العربي، وأذكر أن قام – رحمه الله – بمكالمة والدي أيضاً لتهنئته على نجاحي بقيادة فريق العمل ورئاستي للاجتماعات بكل اقتدار وكفاءة ودبلوماسية محنَّكة.

أتذكر جيداً كيف نمَت علاقة دولة الإمارات تلك الفترة بهذه المنظمة الرائدة في مجال الاتصالات على المستوى الدولي والأثر الذي أحدثَته الدولة في أعمال وأنشطة هذه المنظمة، وهنا حقيقة يقاس مدى مكانة الدولة في المنظمات العالمية بحجم المساهمات والمشاركات الفاعلة ذات الأثر الذي تجنيه الدولة أو المنطقة أو العالم، وهذا ما فعلته الدولة من خلال

هيئة تنظيم الاتصالات بتعزيز مكانتها من خلال مساهماتها الفاعلة في جميع قطاعات الاتحاد الثلاثة وبالأخص في قطاع الراديو أكبر قطاعات هذه المنظمة، وبفضل دبلوماسيتها وقوة الدولة الناعمة بمجال الاتصالات وتقنية المعلومات.

أتذكر جيداً كيف كنا كفريق وطني واحد مكون من جميع الجهات الوطنية الحكومية وغير الحكومية ذات العلاقة نشارك بفعالية في اجتماعات ولجان وفرق عمل المنظمة، وكيف كنا كدولة نتولَّى مسؤولية رئاسة لجان أو نيابة رئاسة لجان وفِرق عمل متنوعة وهامة، وفي نفس الوقت تناقش قضايا هامة وساخنة على الصعيد الدولي، كل ذلك ساهمَ في تعزيز مكانة الهيئة والدولة في الاتحاد الدولي للاتصالات أمام الدول الأخرى وفي المنطقة، وعزَّز من قوتها الناعمة على الخارطة العالمية بمجال الاتصالات.

كما كانت الهيئة مشاركاً فعالاً ونشطاً في أعمال كل من الجامعة العربية ومجلس التعاون الخليجي في هذه الفترة الممتدة من عام (2006م حتى 2010م) وكنت وقتها أمثل الدولة بشكل مكثف من خلال حضوري ورئاستي لوفد الدولة في كثير من الاجتماعات العربية والخليجية أو نيابة رئاسة الوفد، ولا أنسى هنا أول اجتماع أحضره للجنة العربية

الدائمة للاتصالات والمعلومات بمقر الجامعة العربية في عام 2006م، وقتها كنت رئيساً لوفد الدولة المكون من الهيئة واتصالات ووزارة المواصلات، وقد تعرَّفتُ من خلال هذا الاجتماع على الكثير من الأصدقاء والأساتذة الكبار الذين أكنُّ لهم كل احترام، ولا زال التواصل معهم مستمراً إلى اليوم، وقد ترأَّست هذه اللجنة العربية عدة مرات، وقمنا باستضافتها بالدولة أيضاً لعدة مرات، وكانت مسؤولة عن رفع توصياتها إلى مجلس الوزراء العرب للاتصالات والمعلومات في اجتماعاته السنوية.

وفي عام 2008م أصدر مجلس منظمة الاتحاد الدولي للاتصالات قراراً اعتمده أعضاء المجلس الـ (48) بالموافقة على مبادرة أمين عام المنظمة نحو فكرة تشييد متحف للاتصالات والمعلومات أول من نوعه، ويكون مقره في المنظمة ذاتها بجنيف.

وفي أكتوبر من عام 2009م أتذكَّر مشاركة وفد الدولة برئاسة الهيئة في أعمال مجلس المنظمة، وكانت هناك ورقة إماراتية مدعومة من المجموعة العربية قمت بتقديمها إلى أعمال المجلس حظيت بالترحيب والموافقة من الأعضاء، شرحتُ فيها مكونات هذا المتحف وأهدافه وأبرز مخرجاته

وآثاره، كنت وقتها قد حصلت على موافقة مسبقة من إدارة الهيئة برئاسة المدير العام آنذاك سعادة محمد الغانم على دعم الإمارات لمبادرة الأمين العام وقيادة هذه المبادرة العالمية الرائدة والتي تعدُّ فرصة ذهبية للترويج عن جهود الدولة في نشر الوعي بمجال الاتصالات أمام العالم ونحو تعزيز مكانة وسمعة الدولة والهيئة أمام الدول الأعضاء بالمنظمة.

قمنا بالتنسيق وقتها مع وزارة الخارجية والتعاون الدولي للحصول على موافقة الوزارة والتي قدَّمَت كل الدعم اللازم لتحقيق هذه المبادرة، ووضع اسم دولة الإمارات على هذا المتحف وتشييده وبرعاية كاملة مِن قِبَل هيئة تنظيم الاتصالات، وبالفعل وبفضل من الله، تم تشييد المتحف برعاية دولة الإمارات ممثلة بالهيئة وبمبلغ 2مليون دولار وبناؤه في مقر المنظمة بجنيف، وتم افتتاحه بأكتوبر عام 2011م.

أتذكر التحديات التي واجهَتني في تلك الفترة والمتمثلة في إقناع إدارة الاتحاد الدولي للاتصالات وبالتنسيق المباشر بيني وبين الأمين العام للمنظمة لوضع اسم صاحب السمو رئيس الدولة على المتحف حتى تمت الموافقة على الطلب ووضع اسم الدولة بجانب اسم الاتحاد لتصبح دولة الإمارات الدولة

الراعية الوحيدة والمؤسسة لهذا المتحف الدولي الأول من نوعه في منظمة دولية رفيعة بالأمم المتحدة.

أتذكر وقتها حضور رئيس مجلس إدارة الهيئة آنذاك وسعادة ممثل الدولة الدائم لدى الأمم المتحدة بجنيف ومدير عام الهيئة ولفيف من الأصدقاء وممثلي الدول العربية والأجنبية لحفل الافتتاح. وهنا علَّمَتني الدبلوماسية الدولية أنَّ "**اقتناص الفرص الرائدة لبناء سمعة الدولة من أساسيات العمل الدولي في أي مجال**".

وفي عام 2010م وتحديداً بشهر أكتوبر في المكسيك بمدينة كودالاخارا، كنا على موعد مع مؤتمر المندوبين المفوضين للاتحاد الدولي للاتصالات أكبر مؤتمرات المنظمة والذي يعقد كل أربعة أعوام، وهذه هي المرة الثانية لي ومشاركتي في هذا المحفل الكبير للمنظمة مع وفد الدولة.

كانت مشاركة وفد الدولة في هذا المؤتمر مختلفة تماماً ذلك الوقت، حيث كان هناك ترشُّحان أساسيان للدولة في هذا المؤتمر الكبير والهام. الترشح الأول كان لعضوية مجلس المنظمة للولاية الثانية (2010 — 2014م)، والترشح الثاني كان ترشحي شخصياً لمجلس لوائح الراديو المكون من (12) عضواً دولياً على مستوى العالم يتم اختيارهم وترشيحهم في هذا

المؤتمر الدولي، وكانت هي المرة الأولى التي فيها أخوض تجربة الترشيح الدولي لمنصب رفيع في منظمة رفيعة من منظمات الأمم المتحدة.

كان الوفد آنذاك برئاسة وزيرة الدولة للتعاون الدولي بوزارة الخارجية وبحضور عدد كبير من الجهات المعنية بالدولة مثل اتصالات وشركة دو للإتصالات ، والقوات المسلحة، ووزارة الداخلية، ووزارة الخارجية، وسعادة السفير الإماراتي بالمكسيك آنذاك، وبوجود مدير عام الهيئة، وبعض ورؤساء الإدارات بالهيئة.

أتذكر ذلك اليوم جيداً والذي أقامت فيه دولة الإمارات حفل استقبال كبير على شرف الوفود الدولية الحاضرة بمناسبة هذين الترشيحين، وأتذكر أيضاً عندما اعتليت المنصة لأول مرة وأمام حشد كبير من الدول والأصدقاء الذين حضروا حفل الاستقبال لألقي كلمة الدولة بمناسبة الترشح لمنصب عضو مجلس لوائح الراديو والذي أقوم بالترشح عليه لأول مرة كأول خليجي وإماراتي.

وبالمناسبة.. يتم انتخاب الأعضاء الاثني عشر للجنة لوائح الراديو (RRB) في مؤتمر المندوبين المفوضين، ويؤدون واجباتهم

بصفة مستقلة وعلى أساس عدم التفرغ، ويجتمعون عادةً أربع مرات على الأكثر سنوياً في جنيف.

ومن أهم مسؤوليات هذه اللجنة أنها:

1- توافق على القواعد الإجرائية التي يستعملها مكتب الاتصالات الراديوية في تطبيق أحكام لوائح الراديو وتسجيل تخصيصات الترددات المقدمة من الدول الأعضاء.

2- تعالج الموضوعات التي يحيلها المكتب إليها والتي لا يمكن حلها من خلال تطبيق لوائح الراديو والقواعد الإجرائية.

3- تنظر في تقارير التحقيقات بشأن حالات التداخل غير المنتهية والتي يقوم بها المكتب بناء على طلب إدارة أو أكثر وتضع توصياتها.

4- تقدم المشورة إلى مؤتمرات الاتصالات الراديوية وجمعيات الاتصالات الراديوية.

5- تنظر في الطعون ضد قرارات مكتب الاتصالات الراديوية بشأن تخصيصات الترددات.

وأتت اللحظة الحاسمة بالمؤتمر والتي يتم فيها انتخاب جميع المناصب الإدارية بالمنظمة (الأمين العام ونائبه ورؤساء المكاتب للقطاعات الثلاثة) وأعضاء مجلس الاتحاد الدولي للاتصالات الـ (48) وأعضاء مجلس لوائح الراديو الـ (12)، وحانت الساعة

التي يترقبها الجميع وهي انتخابات عضوية مجلس المنظمة، وكانت المنافسة هنا ليست بالسهلة إطلاقاً إلا إنَّ الفوز كان من نصيب دولة الإمارات وعدد من الدول العربية الأخرى ولله الحمد مثل السعودية ومصر، حيث تم انتخاب الدولة وانضمامها مجدداً إلى عضوية مجلس إدارة المنظمة لولاية ثانية (2010 – 2014م) وبنجاح ملفت وحصولها على عدد الأصوات الكافية الذي أهلها لهذا الفوز المستحق لبلادي بنيل ثقة أعضاء المنظمة وعددهم (193) عضواً.

وحانت لحظة هامة أخرى وهي انتخاب أعضاء مجلس لوائح الراديو الـ (12) خبيراً على مستوى العالم والذي كنت مرشحاً له، وكانت المنافسة شديدة جداً بين دولة الإمارات وكل من باكستان وماليزيا وإندونيسيا واليابان والهند وإيران المنضمين إلى مجموعة آسيا وأستراليا، حيث إنَّ هناك ثلاثة مقاعد فقط عن هذه المجموعة، وجميع هذه الدول لها مكانتها ومساهمتها في أعمال المجلس والمنظمة بشكل ملحوظ، وكنا جميعاً كأعضاء وفد الدولة – كما أتذكر جيداً – ننتظر بتلهف سماع رئيس المؤتمر وهو يعلن أسماء المترشحين الفائزين الذين حصلوا على الأصوات، وإذا به يعلن الاسم الأول للهند والاسم

الثاني لليابان والثالث لماليزيا، وأتيت بالترتيب الرابع بفارق سبعة أصوات فقط عن المترشح الماليزي.

لم أجتز الانتخابات بكل أسف وهذا هو حال الانتخابات الحرة في المحافل الدولية، حيث يقوم أعضاء المنظمة وعددهم (193) دولة بالتصويت السري للدولة المترشحة. أتذكر حصولي على عدد (63) صوتاً، وكان العدد الكافي لاجتيازي وقبولي بهذه العضوية هو (74) صوتاً تقريباً.

لا أخفي حقيقة أنه قد انتابني حزن كبير تلك اللحظة وخيبة الأمل التي سببتها لوفد بلادي بهذا المحفل الهام وأمام كل أعضاء الوفد الرفيع الذي حضر المكسيك، إلا أنني أتذكر جيداً كيف وقفت معي معالي الوزيرة حينها وكل من حولي من سعادة المدير العام محمد الغانم وسعادة السفير وزملائي بالهيئة وأعضاء وفد الدولة وكل رفقائنا بالمجموعة العربية، وهذا يعتبر التحدي والتعثر الثاني لي شخصياً في مسيرتي المهنية على المستوى الدولي، إلا أنني عزمت ألا أستسلم وأواصل للأمام على أمل أن أترشح من جديد في مؤتمر المندوبين المفوضين الذي يليه بعد أربعة أعوام في 2014م، ولِمَ لا؟ "ستتألم اليوم، ولكن حتماً غداً سيهون كل ذلك".

كنتُ قد عزمتُ النية بألَّا أستسلم، وأن أواصل الجد والاجتهاد، وتعزيز مساهماتي مع زملائي بالهيئة بكل قوة وأكثر عن السابق.

أتذكر عندما أطلق الأمين العام للاتحاد الدولي للاتصالات الدكتور حمدون توريه بعام 2012م لقب عام الاتصالات بدولة الإمارات والسبب يعود في ذلك إلى قيام دولة الإمارات من خلال الهيئة بتحقيق إنجاز عالمي غير مسبوق في مجال الاتصالات باستضافتها وترأسها لأول مرة في تاريخ المنظمة لثلاثة محافل رئيسة في ذلك العام، وهي **معرض ومؤتمر تيليكوم الاتحاد والجمعية العالمية لتقييس الاتصالات والمؤتمر العالمي للاتصالات الدولية**، وهذا الأخير هو المؤتمر الذي لم يعقد منذ 1988 بأستراليا، وفيه يتم اعتماد المعاهدة الدولية للاتصالات الدولية – International Telecommunication Regulations ITR، وفعلاً كانت الهيئة في ذلك العام والعام الذي سبقه كخلية النحل التي لا تهدأ. كنا وزملائي في الإدارة نقوم بكافة التحضيرات والتنسيق اللازم وكان دوري يتمثل بالإشراف مع الاتحاد الدولي للاتصالات ومع الجهات ذات الصلة في داخل الهيئة ومع المؤسسات ذات العلاقة بالدولة وعلى رأسهم مركز دبي التجاري العالمي الذي استضاف جميع هذه المحافل في ذلك العام.

كان التحدي الأكبر الذي واجهناه هو في استضافة معرض التيليكوم والذي يتزامن وقت انعقاده مع حدث جيتكس العالمي بدبي، ولكن كان ذلك إيجابياً جداً بالنسبة لنا، حيث زار معرض التيليكوم في تلك الفترة وحضره عدد كبير قدر بأكثر من 80000 زائر ومشارك، وكان لهيئة تنظيم الاتصالات جناح كبير في ذلك المعرض، وقد ترأس اجتماع الجمعية العالمية لتقييس الاتصالات زميل عزيز من كلية الدراسة وأيضاً في الهيئة، أما المؤتمر العالمي للاتصالات الدولية فقد ترأسه سعادة محمد الغانم مدير عام الهيئة آنذاك، واختتم عام 2012م بأن توجت جهود الهيئة المباركة في استضافة وترأس هذه المحافل الدولية الرائدة، ووضع اسم دولة الإمارات في مصافِّ الدول المتقدمة في المنظمة، والذي جعل من الأمين العام يطلق على هذا العام عام الاتصالات بدولة الإمارات.

وقد تشرفت حقيقة بأن قمت بالإشراف المباشر بمساعدة زملائي على استضافة هذه المحافل الإستراتيجية والتي عززت من مكانة الدولة والهيئة دولياً على خارطة الاتصالات العالمية وفي المنطقة. وأذكر كم كانت سعادتي عندما تسلَّمتُ بكل فخر خطابات تقدير وإشادة من أمين عام الاتحاد الدولي للاتصالات

وفريق المنظمة ومن سعادة مدير عام الهيئة محمد ناصر الغانم ورئيس مجلس إدارتها، وما زلت محتفظاً بها حتى اليوم.

كنت في ذلك العام على موعدٍ مع محطة أخرى من النجاح حيث قرر مجلس الاتحاد الدولي للاتصالات في أحد اجتماعاته بتشكيل لجنة دولية تتولى الاشراف على تنظيم احتفالية الاتحاد بمناسبة مرور 150عاماً على إنشائه، كانت سعادتي بالغة عندما رشحني الأمين العام للاتحاد شخصياً لأتولى رئاسة هذه اللجنة الدولية وكانت علاقتي معه متميزة جداً وإلى اليوم نتواصل معه بشكل مستمر.

وافق أعضاء المجلس الـ (48) على توصية الأمين العام بتكليف دولة الإمارات وعلى رئاستي شخصياً هذه اللجنة التحضيرية، كم كنت أشعر بالفخر أن يتم اختيار دولتي لهذا التشريف العالي المقام وهو تكليف بالنسبة لي قبل أن يكون تشريفاً، ومسؤولية جسيمة عليَّ أن أثبت جدارتي بهذا التنظيم والتجهيز، وإدارة أكبر فعاليات المنظمة منذ 150عاماً وهي الاحتفاء بذكرى تأسيسها الخمسين بعد المائة، يا له من شعور جميل ومربك في نفس الوقت إلا أننا توكلنا على الله وكان ذلك أيضاً بفضل دعم إدارة الهيئة العليا ممثلة بسعادة رئيس

مجلس الإدارة وسعادة المدير العام ودعم الإخوة والزملاء في الإدارة.

وفعلاً على مدار العامين المتتاليين قمت بعقد عدد من الاجتماعات مع فريق العمل إلى أن أتى ذلك اليوم الذي صادف السابع عشر من مايو لعام 2015م وهو اليوم العالمي للاتصالات والذي تم فيه تأسيس المنظمة بعام 1865م، وأذكر أن كان وفد الدولة المشارك في تلك الاحتفالية بجنيف مكوناً من سعادة رئيس مجلس إدارة الهيئة، وسعادة المدير العام الجديد للهيئة، وسعادة نائب المدير العام، وبعض رؤساء الإدارات في الهيئة، كما أذكر أن قامت الدولة بتقديم هدية تذكارية إلى منظمة الاتحاد الدولي للاتصالات عبارة عن مجسم كبير لمسجد الشيخ زايد بن سلطان – رحمه الله – والذي بقي إلى اليوم معروضاً في متحف خاص في مقر المنظمة بجنيف للهدايا التذكارية الدولية الرفيعة من الدول.

وفي حادثة شيقة أخرى، أذكر جيداً وبينما كنت جالساً في بهو الفندق (H HOTEL) بدبي مقر إقامة أمين عام الاتحاد الدولي للاتصالات ونائبه ومدراء المكاتب الثلاثة (الراديو والتقييس والتنمية) أثناء انعقاد الأحداث الثلاثة للاتحاد في أكتوبر بعام 2012م بدبي، وإذا بمدير مكتب قطاع التنمية من دولة

بوركينافاسو يحدثني عن تخوفه وقلقه من أمرهام، قال لي إنه متخوف من عدم توفر الظروف وتهيئتها لاستضافة جمهورية مصر العربية للمؤتمر العالمي لتنمية الاتصالات وهو أكبر مؤتمرات قطاع التنمية والذي أعربت مصر عن رغبتها باستضافته في عام 2014م إلا أنه وبسبب ما تعرضت له بعض البلدان العربية في تلك الفترة الحرجة في المنطقة العربية، فقد كان مدير المكتب قلقاً بشكل كبير عن عدم استضافة مصر لهذا الحدث بسبب تلك الظروف وهو الأمر الذي حتماً سيؤثر على المكتب وعليه شخصياً لكونه كان يسعى لترشيح نفسه مجدداً في الانتخابات.

أتذكر جيداً وقتها وبشكل تلقائي أن قمت بإمالة رأسي صوبه، وهمستُ خافتاً وقلت له: "صديقي العزيز، ما تتعرض له مصر في المنطقة يقلقنا جميعاً، مصر عمود وشريان مهم في قلب الأمة العربية، وهي جار وصديق وشقيقة كبرى لدولة الإمارات، نجاحهم نجاحنا ولا نرضى لهم غير النجاح، إن رأيتم أننا نستطيع كدولة الإمارات إنقاذ الموقف وبرضى تام من مصر، فليكن ذلك".

وتمضي الأيام، ولا أنسى وأنا أتلقى مكالمة هاتفية مباشرة من السيد مدير المكتب كان ذلك في منتصف عام 2013م

تقريباً عندما حدثني قائلاً: "أخ ناصر، هل تذكر حديثنا بدبي في أكتوبر من العام 2012م عندما أعربت لك عن قلقي وتخوفي من عدم تهيئة الظروف لمصر لاستضافة مؤتمر التنمية العالمي للاتصالات بسبب الأحوال والظروف الراهنة هناك؟"... قلت له: "نعم أتذكر جيداً"، وأحسست هنا بأنني سأتلقى منه طلب استضافة المؤتمر عوضاً عن مصر، وفعلاً فاجأني بحديثه وطلبه إمكانية استضافة المؤتمر بسبب اعتذار مصر رسمياً، قلت له: "لا يمكنني الآن الرد عليك أمهلني يومين أو ثلاثة لأرد عليك "... وأغلقنا الهاتف.

في داخلي كنت أقول لنفسي: "نحن سنكون قادرين على الاستضافة إن شاء الله، كيف لا ونحن من استضفنا بنجاح في عام 2012م ثلاثة أحداث رئيسة للمنظمة في عام واحد بفضل من الله ودعم من حولنا وثقة الدول الأعضاء"، فأن نقوم من جديد باستضافة هذا الحدث العالمي سيكون مقدوراً عليه وميسَّراً بمشيئة الله لو تهيأت جميع الظروف، وكيف تتهيأ الظروف؟ كنت أسأل نفسي هذا السؤال.

اجتمعتُ مع زملائي في الإدارة: الأخ ممثل الدولة في الاتحاد الدولي للاتصالات، وأكن له المودة والاحترام، وأيضاً زميلي الآخر من باكستان، هذا الرجل الذي استمر بالعمل معي

منذ انضمامي في اتصالات إلى أن غادرت الهيئة ولأكثر من 15 عاماً، قمت بمشاورتهما معاً بالموضوع والذي لمست منهم التشجيع والإقدام على الاستضافة مع وجود الخوف أيضاً والقلق بسبب ضيق الوقت المتاح، وعدم توفر الميزانية، حيث لم يتم تخصيص أي ميزانية لذلك من الادارة العليا.

أذكر أنني توكلت على الله في مساء ذلك اليوم، وقررت أن أفاتح سعادة الغانم مدير الهيئة آنذاك وأنا قلق من أي ردة فعل من جهته أو الرفض التام للفكرة على اعتبار أنه لا يوجد ميزانية أو ضيق الوقت المتاح، لكنني جهَّزتُ نفسي تماماً، وما الذي أريد أن أقوله، وفعلاً فاتحت سعادته بالأمر وكانت ردة فعله بالرفض المبدئي لهذين السببين، وطلب مني حينها وأذكر ذلك جيداً، قال لي: "كم سيكلف ذلك إذا استضافت الهيئة هذا المؤتمر؟"، قلت له: "أمهلني يومين وأعود".. وفعلاً قمت وأعضاء فريقي بالعمل بسرعة، ووضعنا تصوراً مالياً مبدئياً وتقديراً أولياً للتكلفة، والتي قدرناها تقريباً بمبلغ 15 مليون درهم.

لا أخفي القول أننا استفدنا جيداً أنا وفريقي من تجربتنا والدروس التي تعلمناها في استضافة أحداث عام 2012م الثلاثة بدبي والتي كونت لدينا فكرة أعمق عن متطلبات هذه

الاستضافة الجديدة خصوصاً من الناحية المالية.. وفعلاً أذكر جيداً عندما رجعت إلى سعادة الغانم لأعرض عليه الميزانية المطلوبة، غير أنه لم يقتنع أيضاً وطلب منا أن نضع خطة متكاملة للاستضافة في ظل الوقت القصير المتبقي، حيث إن المؤتمر كان مقرراً له أن يعقد في شهر مارس من العام 2014م وحديثي مع سعادته ومفاتحتي له للموضوع كما أذكر كان تقريباً في أكتوبر 2013م، وكم كانت فرحتي وفريقي عندما وافق مجلس إدارة الوكالة في اجتماعه الاستثنائي على هذه الاستضافة بهذه الميزانية المحددة (15 مليون درهم لا غير).

أذكر مكالمة سعادته في عصر ذلك اليوم عندما بشرني بخبر الموافقة وقال لي بالحرف الواحد "ناصر، لديكم 15 مليوناً فقط لا غير، غير مسموح تماماً تجاوز هذا المبلغ ولديكم الفترة القادمة للعمل. اجمع الفريق وانطلق!"، فوعدته بأنه سيكون له ذلك، عندها أسرعت بالاتصال بالسيد مدير مكتب التنمية بالاتحاد وأخبرته بهذا الخبر المفرح، وأحسست عندها أنه طار من الفرحة وقال لي بالحرف: **"ناصر، لقد أنقذت الموقف، شكراً جزيلاً من القلب!"**

وتمضي الأيام من التنسيق والسهر لليالٍ كثيرة أذكر كنا نمضيها لساعات متأخرة في المكتب أنا وزملائي، بالإضافة

لزميلنا الآخر وهو ممثل الدولة في الاتحاد الدولي للاتصالات، من الرجال الأكفاء في القوات المسلحة، وبحضور أيضاً ممثلي شركة السياحة المسؤولة عن التجهيزات اللوجستية، ويأتي اليوم الذي نستعد فيه لافتتاح المؤتمر العالمي لتنمية الاتصالات والذي يعقد لأول مرة في بلد عربي بمركز دبي التجاري العالمي، وتشاء الفرص أن أكون مقدم الحفل وأمام أكثر من 3000 مشارك من جميع الدول الأعضاء، ويترأس المؤتمر سعادة مدير عام الهيئة الغانم بكل اقتدار ونجاح وصدر بيان دبي لتنمية الاتصالات 2014 في ختام المؤتمر، وكم كنت أشعر وقتها بسعادة وفخر بالغ في هذا النجاح لدولتي ولفريقي وهيئتي الحمد لله.

وفي نوفمبر من العام نفسه 2014م، يأتي موعد سفرنا إلى كوريا الجنوبية إلى مدينة بوسان تحديداً بوفد كبير من دولة الإمارات برئاسة هيئة تنظيم الاتصالات مكون من عدد من الجهات المعنية بالدولة للمشاركة في مؤتمر المندوبين المفوضين للاتحاد الدولي للاتصالات 2014، وهذا المؤتمر كما أسلفت يعد من أكبر مؤتمرات المنظمة يعقد كل أربع سنوات، ويعتبر مؤتمراً إستراتيجياً للمنظمة، حيث تعقد الانتخابات الخاصة بقيادة المنظمة ومدراء المكاتب الثلاثة (الراديو والتقييس

والتنمية) وأعضاء مجلسها المكون من (48) دولة وأعضاء مجلس لوائح الراديو المكون من (12) خبيرًا عالميًا.

كنت مرشحاً في ذلك المؤتمر من جديد لعضوية مجلس لوائح الراديو بالإضافة إلى ترشح الدولة في عضوية مجلس إدارة المنظمة لولاية ثالثة جديدة، وأتذكر أيضاً أني كنت مكلفاً من مجلس الوزراء العرب للاتصالات والمعلومات لرئاسة الفريق العربي للتحضير للمؤتمر، حيث كانت مهمتي هي إدارة اجتماعات المجموعة العربية المتواجدة في المؤتمر والدفاع مع أعضاء الفريق عن مواقف وأوراق عمل المجموعة العربية المقدمة للمؤتمر، وأذكر أنَّ عددها كان كبيراً في ذلك المؤتمر فاق 44 مقترحاً مشتركاً باسم الدول العربية، حيث شاركت شخصياً وزملائي من المنطقة العربية في إعدادها وتقديمها، كما أننا قمنا بالتنسيق مع المكتب المعني بدبي من أجل السماح للمخترع الإماراتي أديب سليمان البلوشي بالالتحاق مع وفد الدولة، وكان أصغر موفد للدول المشاركة آنذاك في أكبر مؤتمرات المنظمة والذي حضره أكثر من 4000 مشارك يمثلون 193 دولة عضواً بالمنظمة.

كان على رأس أجندة هذا المؤتمر موضوع تعزيز مشاركة الفتيات والشباب في وفود دولها المشاركة بمؤتمرات المندوبين المفوضين للاتحاد، وأتذكر أنني وفريقي بالعلاقات الدولية

بالهيئة قمنا بوضع هذا المقترح والذي تم تبنيه من الفريق العربي كورقة عمل عربية مشتركة إلى المؤتمر.

أتذكر جيداً كيف حانت الفرصة لي لأقدم هذا المقترح لإدارة الهيئة برئاسة سعادة الغانم آنذاك على فكرة تواجد المخترع الإماراتي أديب والذي كان يبلغ من العمر 11 عاماً بذلك الوقت، وقوبلت الفكرة بالترحيب والاعتماد، وفعلاً سافر مع وفد الدولة أديب البلوشي ووالده وأسرته، ولا أخفي أنها كانت خطوة دبلوماسية قوية جداً وإستراتيجية بأن يكون لدى الوفد أصغر موفد فيها على مستوى العالم، ولم نكتفِ حقيقة بذلك بل قمنا بتجهيز كلمة لأديب بالتنسيق مع مكتب الأمين العام للمنظمة والذي رحب بتواجد أديب وموافقته على إلقاء كلمة في حفل افتتاح المؤتمر الرسمي.

ويأتي موعد الانتخابات كما هي العادة في هذا المؤتمر الإستراتيجي، وكما هي العادة أيضاً أن تكون هناك حفلات استقبال تقيمها الدول المترشحة في المؤتمر، وكنا كوفد دولة الإمارات والذي كان برئاسة سعادة محمد الغانم مدير عام هيئة تنظيم الاتصالات آنذاك، وبوجود سعادة ممثل الدولة في مكتب الأمم المتحدة بجنيف، وعدد من المسؤولين بالدول، وممثلي الجهات المعنية بالدولة. وسفير الإمارات في كوريا

الجنوبية، كنا نقيم حفل استقبال في صباح ذلك اليوم الكبير، وأتذكر عندما اعتلى أديب البلوشي منصة المؤتمر وقام بإلقاء كلمة أمام ذلك الحضور المهيب وأمام عدد من الوزراء وقيادة الاتحاد ومسؤولي الدول الأعضاء المشاركة، كانت كلمته رائعة جداً موجهة للشباب وتحفيزهم للمشاركة بفعالية في قطاع الاتصالات وحشد طاقاتهم وإبداعاتهم في هذا المجال الحيوي الهام، وأتذكر جيداً التصفيق الحار الذي ناله أديب من الحضور والانبهار بهذا الأداء الكبير من شاب لم يتجاوز عمره 11 عاماً، وكان ذلك بمثابة خطوة دبلوماسية راقية جداً ومؤثرة من وفد دولة الإمارات العربية المتحدة في هذا المؤتمر الإستراتيجي الكبير.

إنني أومن حقيقة وبقوة بالغة بأثر مثل هذه الخطوات الدبلوماسية الدولية أمام الدول والوفود في المؤتمرات والمحافل العالمية.

وتأتي لحظة الانتخابات والتي عادة ما تأخذ جولات عديدة من التصويت والاقتراع، أتذكر جيداً القلم الذي تم استخدامه من قِبَل رئيس وفد دولة الإمارات عندما قام بوضع ورقة التصويت السرية وما زلت إلى اليوم أحتفظ به، وتم انتخاب الأمين العام الجديد من الصين ونائبه الجديد من

بريطانيا وكذلك انتخاب مدراء المكاتب الثلاثة، والحمد لله تم انتخاب دولة الإمارات لعضوية مجلس المنظمة المكون من (48) دولة للولاية الثالثة على التوالي (2014-2018)، وكان فوزاً مستحقاً لدولة الإمارات ولله الحمد وبأصوات كبيرة جداً.

وأتت اللحظة الحاسمة لانتخاب أعضاء مجلس لوائح الراديو المكون من (12) عضواً فقط على مستوى العالم، وكان سمعنا وبصرنا وجميع أعضاء الوفد موجهاً وبحذر وترقُّب إلى رئيس المؤتمر من كوريا الجنوبية والانتظار لسماع النتيجة.

أتذكر كيف كانت المنافسة شديدة تلك المرة أيضاً كما كانت في المكسيك بعام 2010 عندما تعثرت في تلك الانتخابات. دول مثل الهند وإيران وماليزيا وإندونيسيا وأستراليا وكوريا واليابان والإمارات وفيتنام، كلها كانت مترشحة لهذه العضوية، وكان هناك 3 مقاعد فقط لهذه المجموعة الآسيوية بحسب قواعد الانتخابات والدستور.

وتحين اللحظة الحاسمة ويعلن رئيس المؤتمر الاسم الأول من اليابان بعدد أصوات تجاوز 160 صوتاً، وهو من الخبراء الأكبر سناً والأكثر خبرةً في هذا المجال على مستوى المنظمة.

انتابني الخوف مجدداً كما كان حالي في المكسيك، قلت في نفسي: "إذا لم أسمع اسمي الآن فلن أجتاز هذه الانتخابات من

جديد" وإذا برئيس المؤتمر السيد مين يعلن الاسم الثاني من دولة الإمارات العربية المتحدة ويعلن اسمي فائزاً بالعضوية بمجموع 128 صوتاً، وكان الاسم الثالث من نصيب دولة فيتنام.

الحمد لله على فوز الإمارات والمنطقة العربية باستحقاق وتحقيقها نتائج لافتة في الانتخابات على مستوى مجلس المنظمة ومجلس لوائح الراديو.

انهالت عليَّ مباشرة كما أتذكر في قاعة المؤتمر بعد الانتهاء من جميع الانتخابات تهاني الدول التي قامت من أماكن جلوسها متوجهة إلى رئيس الوفد الإماراتي وأعضاء الوفد ولي شخصياً لتهنئتنا بفوز دولة الإمارات بهاتين العضويتين عن جدارة واستحقاق الفوز بعضوية مجلس الاتحاد الدولي للاتصالات وعضويتي كأول إماراتي وخليجي وثاني عربي في تاريخ الاتحاد يفوز بعضوية مجلس لوائح الراديو المكون من (12) عضواً فقط على مستوى العالم، **الحمد لله أولاً وأخيراً.**

أتذكر جيداً كيف كانت الرسائل النصية والاتصالات والتغريدات في تويتر وحسابات التواصل تنهال عليَّ بالتهنئة والتبريكات، فالحمد لله لنجاح دولتنا الغالية ولوفد الدولة وشعب الإمارات قيادة وحكومة ولهيئة الاتصالات.

أتذكر كيف كان والداي سعيدَين عندما بشَّرتُهما بهذا الفوز المستحق للدولة وفوزي شخصياً لأول مرة في تاريخ المنظمة بهذه العضوية.

انهالت عليَّ التهاني كذلك مِن بعض أصحاب السعادة السفراء ومسؤولي وزارة الخارجية، وتهنئتي الخاصة من معالي وزيرة الدولة والتي بشرتها بفوزي في هذه الانتخابات هذه المرة ورد الجميل لتعاونها ودعمها لي في المرة السابقة بالمكسيك، وكم كانت فرحة جداً معاليها بهذا الإنجاز التاريخي لدولة الإمارات!

تفاجأتُ باتصال من قناة أخبار الدار ترغب في إجراء حوار هاتفي معي على الهواء مباشرة بمناسبة هذا الفوز، وما زلت أحتفظ بهذا اللقاء إلى اليوم والذي شاهده جميع أبنائي.

الحمد لله تكلَّلتِ الجهود والمساعي ودبلوماسية الدولة في المؤتمر وثقة الدول الأعضاء ومجلس المنظمة وملف دولة الإمارات ومساهماتها طيلة الفترة الماضية ومنذ انضمام الدولة لأول مرة في مجلس المنظمة بعام 2006م، هذه جميعها حصيلة من الجد والاجتهاد تُوِّجت اليوم بوجود الدولة في هذه العضوية الكبيرة في مجلس رفيع بالمنظمة الأقدم على مستوى الأمم

المتحدة ما عزز من مكانتها وسمعتها على خارطة الاتصالات العالمية.

أتذكر جيداً أيضاً في اليوم الثاني وجود تهنئة كبيرة لوفد الدولة وهيئة تنظيم الاتصالات ولي شخصياً في الجرائد والصحف مرفوعة لمقام صاحب السمو رئيس الدولة الشيخ خليفة بن زايد، رعاه الله وإخوانه الحكام وشعب الإمارات بهذا الإنجاز التاريخي للدولة في تاريخ المنظمة.

وأتذكر جيداً آخر اجتماع ترأسته للمجموعة العربية في آخر يوم من المؤتمر ونحن نحتفل سوياً بنجاح مشاركة الفريق العربي وتحقيقه لمكتسبات رائعة ومستحقات إيجابية من خلال ما تحقق طيلة فترة المؤتمر والذي امتد لقرابة الشهر.

من بين أبرز المواضيع الإستراتيجية التي شاركت فيها شخصياً وأشرفتُ عليها كرئيس للمجموعة العربية بالمؤتمر كانت:

1- تعزيز مشاركة الشباب في مجال الاتصالات وتواجدهم في وفود الدول.

2- التعديلات على دستور الاتحاد.

3- نقل مقر المنظمة خارج جنيف.

4- حق دولة فلسطين في التصويت والمشاركة في أعمال الاتحاد.

وغيرها الكثير والذي كان للفريق العربي دورٌ لافتٌ وبارزٌ طيلة فترة المؤتمر في متابعتها والدفاع عنها.

حزمنا أمتعتنا وتوجهنا مع بعض زملائي إلى المطار في رحلة العودة إلى الإمارات الغالية حاملين أجمل الذكريات في مدينة بوسان الرائعة مع وفد أكثر من رائع وفريق عربي متكامل وقوي في مثل هذه المحافل العالمية الرائدة في مجال الاتصالات.

وعلى متن الطائرة تعود بي الذكريات إلى عام 2010م بالمكسيك عند تعثري وعدم اجتيازي الانتخابات وفرحتي بعد أربع سنوات باجتياز هذه الانتخابات عن جدارة واستحقاق لي ولدولتي، لا أخفي حقيقة أنني كنت أفكر وأنا على متن الطائرة بأهداف جديدة للمرحلة القادمة أكبر مما تحقق، حدثت نفسي هل من الممكن في يوم ما أن تستضيف دولتي هذا المؤتمر وهو أكبر مؤتمرات الاتحاد؟ هل يمكن أن تترشح دولتي لمنصب قيادي في المنظمة؟ بل وهل يمكن لدولتي أنْ تستضيف مقر المنظمة في يومٍ ما؟ تبادرت كل هذه الأسئلة إلى ذهني ولَم أحدِّث بها أحداً، وخلدت إلى النوم بالطائرة لأرتاح قبل وصولنا إلى أبو ظبي.

ومِن محاسن الصُّدَف في مسيرتي المهنية في هيئة تنظيم الاتصالات أن أكون شاهداً على انتقال الهيئة العامة للمعلومات إليها والتي كان والدي وكيلاً لها في فترة عمله بالحكومة الاتحادية.

شعور غريب جداً انتابني وأنا أقرأ المرسوم بقانون الخاص بانتقال هيئة المعلومات ودمجها بهيئة الاتصالات، والمثير للدهشة والصدفة الطيبة أن أشاهد أولئك الأساتذة الأعزاء الذين تدربت على أيديهم وأنا صغير لم أتجاوز سن الخامسة عشرة، حيث كان يأخذني والدي إلى الهيئة العامة للمعلومات في فترة الإجازة المدرسية بالصيف لأتعلم مهارات الكمبيوتر ولغة الحاسوب، وبعضاً من أدوات الترجمة في ذلك الوقت، ومهارات فك وتركيب جهاز الحاسوب على أيديهم.

استمرَّت هيئة تنظيم الاتصالات بعد عام 2014م بنشاطها المعهود ومتابعة الأعمال الدولية بشكل أكبر وخاصة الترويج لملف الاتصالات الإماراتي وإمكانياته في ظل رئاسة جديدة لهيئة تنظيم الاتصالات، حيث استقبلَت الهيئة مديراً عاماً جديداً في يناير من العام 2015 هو سعادة حمد بن عبيد المنصوري الرجل المشهود له بالإنجازات على المستوى الوطني، والذي ترأس عدة جهات ومؤسسات حيوية بالدولة. وقد قُدِّر لي أن أكون تحت إدارة سعادة المنصوري مباشرةً مديراً عاماً

للعلاقات الدولية بالهيئة في مكتبه، وقد بدأت في ذلك العام اجتماعاتي الخاصة بمجلس لوائح الراديو، حيث كنا نعقد أربعة اجتماعات على مدار السنة في مقر المنظمة بجنيف، وأتذكر في ذلك العام 2015م تحديداً مشاركة دولة الإمارات ممثلة بالهيئة في حدث عالمي للأمم المتحدة وهو القمة العالمية لمجتمع المعلومات والاتصالات والذي يعقده الأمين العام للاتحاد كل عام، وتشارك فيه الدولة ممثلة بالهيئة وعدد من الجهات والمؤسسات المعنية منذ عام 2010م حتى يومنا هذا..

وما كان يميز تلك القمة جائزتها السنوية التي تُمنَح إلى الحكومات وهيئات تنظيم الاتصالات والمؤسسات ذات الصلة بأهداف التنمية المستدامة، حيث تقوم الدول والحكومات بالترشح لهذه الجائزة من خلال معايير عالمية وقصص نجاح تقدمها الدول كأمثلة على مشاركاتها ومساهماتها النوعية لدعم وخدمة أهداف التنمية المستدامة السبعة عشر.

كنا في ذلك العام على موعد آخر من النجاح ورفع سمعة الدولة عالياً في القمة العالمية للاتصالات للأمم المتحدة، حيث تبنَّت إدارة الهيئة مقترحنا نحو المشاركة في دعم الهدف رقم (17)، وهو الهدف المعني بالشراكات الدولية في القطاع ومساهماته النوعية لخدمة أهداف التنمية والبشرية، وفعلاً،

عملت وزملائي في الإدارة على ملف الجائزة، ولله الحمد تم تتويج الهيئة بنجاح في حفل رسمي أقيم في جنيف حضره أحد أعضاء مجلس الإدارة، ونائب مدير عام الوكالة، وسعادة السفير في جنيف، وتمَّ منحنا كأس القمة وجائزة الشراكات الدولية كأول هيئة عربية تنال هذه الجائزة عن هذا الهدف تحديداً من أهداف التنمية الدولية المستدامة.

فرحتي كانت غامرة بهذا الإنجاز لفريقي وهيئتي وقبل كل شيء لوطني، وللأسف لَم أتمكن من الحضور مع وفد الدولة، حيث كنت متواجداً مع سعادة المدير العام في اجتماع دولي آخر في ذات الوقت، وقد تسلَّم جائزة القمة آنذاك زميلي في الإدارة ممثل الدولة في الاتحاد الدولي للاتصالات.

استرجعتُ حقيقةً الحلم الذي راودني بينما كنت على متن الطائرة في رحلة العودة من بوسان بكوريا الجنوبية إلى أبوظبي في نهاية نوفمبر مِن العام 2014 والمتمثل بفرصة استضافة مؤتمر المندوبين المفوضين القادم، وكذلك ترشح الدولة لمنصب في قيادة المنظمة ولأول مرة.

حينها لَم أعرف كيف أقوم بفتح الموضوع مع الإدارة العليا لأخذ الموافقة، ولكنني في نفس الوقت كنت أدرس الموضوع جدياً مع أعضاء فريقي، وأتذكر أنني قدَّمتُ مذكرة إلى الإدارة

العليا وقتها كانت إلى سعادة مدير عام الهيئة، وبها مقترح استضافة مؤتمر المندوبين المفوضين لعام ٢٠١٨م بدولة الإمارات لأول مرة، وكذلك مقترح الترشح لمنصب مدير مكتب قطاع تنمية الاتصالات، حيث سيصبح هذا المنصب شاغراً في عام ٢٠١٨م.

أصبح ذلك هدفي وهدف فريقي بالهيئة أن نستضيف هذا المؤتمر الكبير لأول مرة على مستوى الشرق الأوسط والمنطقة العربية كأول دولة عربية حيث عودتنا قيادتنا الرشيدة في دولة الامارات بأن نكون الرقم واحد دائماً، وبذلك ستكون دولة الإمارات قد سجَّلَت رقماً قياسياً غير مسبوق بأن تستضيف دولة عضوًا بالاتحاد وتترأس جميع محافل المنظمة الرئيسة وعددها سبعة مؤتمرات هي المنتدى الدولي لهيئات تنظيم الاتصالات، والجمعية العالمية لتقييس الاتصالات، والمؤتمر العالمي لتنمية الاتصالات، والمؤتمر العالمي للاتصالات الدولية، ومعرض ومؤتمر تيليكوم الاتصالات، والمؤتمر العالمي للاتصالات الراديوية، ومؤتمر المندوبين المفوضين. وفعلاً قمنا بعمل حملة قوية جداً لدولة الإمارات بالتنسيق مع وزارة الخارجية الإماراتية، ومجلس الوزراء العرب للاتصالات والمعلومات للجامعة العربية، ومع مكتب الأمانة العامة لمجلس التعاون الخليجي بالرياض مِن أجل دعم حملة

ترشيحي شخصياً لرئاسة مكتب تنمية الاتصالات في الاتحاد الدولي للاتصالات، وكذلك دعم ترشيح استضافة الدولة لحدث مؤتمر المندوبين المفوضين لعام 2018 بدبي.

أتذكَّر جيداً قرار وزارة الخارجية الإماراتية بالموافقة على ترشيحي لرئاسة مكتب قطاع التنمية بالاتحاد الدولي للاتصالات، وكم كنت مسروراً جداً عندما شاهدت توقيع معالي وزير الدولة للشؤون الخارجية آنذاك على خطاب ترشيحي كأول إماراتي يترشَّح لهذا المنصب الرفيع في قيادة منظمة الاتحاد الدولي للاتصالات بجنيف!

قمت بعد ذلك وبدعمٍ من أعضاء فريقي والوحدات المعنية بهيئة تنظيم الاتصالات والجهات المعنية والمؤسسات في الدولة بعمل كافة الترتيبات والتجهيزات اللوجستية والأمنية والفنية اللازمة لهذه الاستضافة.

أمَّا على صعيد ترشيحي لرئاسة مكتب تنمية الاتصالات في الاتحاد الدولي للاتصالات، فقد قمنا بالتنسيق المباشر مع وزارة الخارجية الإماراتية، والجامعة العربية، ودول مجلس التعاون، ومكتب البعثة الدائمة للدولة في كل من نيويورك وجنيف، ومع كثير من سفارات الدول الصديقة في الدولة، وسفارات دولة الإمارات بالخارج من أجل حشد الدعم اللازم

لترشيحي، وعادةً ما تتسم حملات الترشح لمثل هذه المناصب القيادية في منظمات عالمية مثل منظمة الاتحاد الدولي للاتصالات وغيرها مِن التعقيد حقيقةً، حيث يتطلب من الدولة المترشحة بذل جهود دولية كبيرة مع كافة الدول، واتخاذ خطوات دبلوماسية في نفس الوقت من أجل حشد الدعم المطلوب وتحقيق الفوز للمترشح. وأتذكر جيداً كمية الرسائل التي كنا نبعثها إلى الدول الصديقة في كافة المناطق الجغرافية الأعضاء في الاتحاد الدولي للاتصالات، وكيف كان التواصل المستمر ليلاً ونهاراً مع الإدارة المعنية بوزارة الخارجية وهي "إدارة المنظمات الدولية".

قامت الهيئة بعد ذلك وبدعم مباشر من سعادة مدير عام الهيئة في إرسال خطاب رسمي إلى أمين عام الاتحاد الدولي للاتصالات لإبلاغه بهذا الترشح كعُرف دولي خاص بهذه المنظمة أن تقوم الدولة بإرسال اسم مرشحها وسيرته الذاتية لإخطار المنظمة حتَّى يتمَّ إدراج اسم المرشح رسمياً على صفحة المترشحين وقبل انعقاد المؤتمر.

أتذكر وقتها أنه كان مِن ضمن المنافسين لي في هذا المنصب مرشح من بوركينافاسو والمرشحة الأمريكية، وهي مرشحة قوية جداً ولها حظوظ قوية في المنافسة، كما أتذكر جيداً تلك

المكالمة في مساء يوم من الأيام وإذا بالسيدة المرشحة من أمريكا تتصل بي هاتفياً بشكل مفاجئ لتخبرني بأن دولتها قد قامت بترشيحها أيضاً لذات المنصب، طبعاً علمتُ يقيناً بأنها تحاول التأثير عليَّ، وهذه إحدى الحيل الدبلوماسية في التأثير على الغير من خلال إجراء مثل هذه المكالمات.

قمت بمعاملتها بشكل راقٍ جداً، والمعاملة بالمثل، فقد تمنيت لها الخير والنجاح أيضاً، وأعلمتها في ذات الوقت بأن دولتي هي الأخرى قد قامت باختياري وترشيحي للمنصب، وأن المنظمة تستحق الكثير في المستقبل من المرشح الذي سيفوز في الانتخابات.

كنت في ذلك الوقت من العام 2015م قد قررت استكمال الدراسات العليا للماجستير، وفعلاً وبفضل من الله التحقت بجامعة زايد بأبو ظبي لأدرس الماجستير التنفيذي في إدارة الأعمال.

وفي 7 مايو من العام 2017م ولله الحمد حصلت على شهادة الماجستير التنفيذي من الجامعة، وكم كنت مسروراً جداً وفخوراً بأنْ قامت إدارة الجامعة في اختياري لأكون مَن يلقي بالإنابة كلمة الخريجين والخريجات في تلك الدفعة، ولله الحمد مكَّنَني المولى – عز وجل – من فنون الإلقاء والخطابة،

وقد قدمنا الكلمة وقتها أمام الشيخة (وزيرة التسامح) آنذاك، ورئيسة الجامعة، والجميل جداً وكنت أشعر بالفخر بأن كانت والدتي وابني حامد متواجدَين من ضمن المدعوين والحضور، وهو شعور غريزي عميق وجميل في نفس الأب عندما يحضر تخرجه أحد أبنائه وأسرته.

كنت ولله الحمد أتمتع ببعض المهارات الجيدة في التواصل والإقناع، وهو ما مكَّنني حقيقةً على صعيد آخر مِن إقناع مجلس الوزراء العرب للاتصالات والمعلومات في اجتماعنا في عام 2015 برغبة دولة الإمارات ممثلة بهيئة تنظيم الاتصالات على استضافة اجتماع مجلس الوزراء العرب للاتصالات والمعلومات، هذا الملتقى العربي الأبرز في الجامعة العربية في مجال الاتصالات.

وقد شهد العام 2016م أبرز المحطات اللافتة والجميلة في مسيرتي المهنية ولله الحمد، حيث قمنا في الهيئة بالإعداد الجاد لهذه الاستضافة العربية الكبيرة والتي تأتي لأول مرة في تاريخ الدولة بأن تستضيف على أرضها مثل هذا المحفل الكبير للجامعة العربية.

أذكر بأننا شكلنا فريقاً كبيراً من الوحدات المعنية بالهيئة وكذلك من ديوان الرئاسة بأبو ظبي ومطاري أبو ظبي ودبي في

بشأن صالات كبار الشخصيات، ونسَّقنا أيضاً مع مكتب وزير دولة معالي (وزير البيئة والمياه آنذاك) حيث كان معاليه مَن ترأس وفد دولة الإمارات في هذا المحفل العربي.. أتذكر كيف كان فريق العمل المكلف بالهيئة يعمل كخلية النحل في الإعداد والتجهيز لهذا الاجتماع العربي والذي عُقِد في مقر فندق قصر الإمارات بأبو ظبي، وحضره وزراء الاتصالات في مجلس الوزراء العرب للاتصالات والمعلومات مِن 16 دولة عربية، وأذكر من هؤلاء الوزراء أصحاب المعالي وزير الاتصالات المصري، ورئيس هيئة الاتصالات مِن الأردن، ووزير المواصلات البحريني، ووزير الاتصالات اللبناني، ووزير المواصلات الكويتي، وآخرين.

وقد شهدَت تلك الدورة العشرون لمجلس الوزراء العرب للاتصالات والمعلومات نجاحاً لافتاً في التنظيم والإعداد ومن حيث مخرجات الاجتماع كذلك، حيث كان من ضمن أبرز قرارات المجلس الوزاري العربي هو الترحيب بمقترح دولة الإمارات لإنشاء اتحاد عربي في المنطقة مستقبلاً، وهو المقترح الذي قمت بإعداده قبل الاجتماع وعرضتُه على إدارة الهيئة آنذاك.

ومن ضمن أبرز المحطات العزيزة على قلبي جداً بينما كنت في هيئة تنظيم الاتصالات في السنة الأخيرة لي في الهيئة هي

تلك اللحظة التي قمنا فيها بترشيح الاتحاد النسائي العام بالدولة وتحديداً سمو الشيخة فاطمة بنت مبارك (أم الإمارات) رئيسة المجلس للمشاركة في جائزة دولية مرموقة للاتحاد الدولي للاتصالات عن ريادة دولة الإمارات في تحقيق المساواة بين الجنسين وخاصةً في مجال تقنية المعلومات والاتصالات، أتذكَّر جيداً وقتها أنَّنا شكَّلنا فريقاً من الهيئة والاتحاد النسائي العام للعمل على هذه الجائزة، وفعلاً في ديسمبر من العام 2016م، اختار الاتحاد الدولي للاتصالات سمو الشيخة فاطمة بنت مبارك لتكون الشخصية القيادية على مستوى العالم في تحقيق هذه الجائزة عن دور الاتحاد النسائي العام ودور سموِّها تحديداً في دعم هذه الأجندة على المستوى الدولي وعلى مستوى المنطقة، وكم كنت مسروراً جداً عندما وافق أمين عام الاتحاد الدولي للاتصالات على المقترح لزيارة دولة الإمارات وتسليم الجائزة شخصياً، وهو الأمر الذي قمت بتنسيقه مع الاتحاد النسائي العام، حيث قام الأمين العام للمنظمة في 6 ديسمبر من العام 2016م بزيارة إلى الاتحاد النسائي العام، وكان مديرَ عام الهيئة وبعض المسؤولين، وتشرفتُ شخصياً أن أكون في استقبال الضيف، حيث قام الأمين العام بتسليم هذه الجائزة المرموقة الى قيادة

الاتحاد النسائي العام، وكم كنت سعيداً وقتها بصدور الأخبار الصحفية التي قامت بتغطية هذه الزيارة واستلام الجائزة.

كنت في مطلع العام 2017م أفكر بالانتقال إلى جهة أخرى وهي وكالة الإمارات للفضاء في تحدٍّ جديد، ومَن منَّا لا يهوى التحديات؟ تعلَّمنا وترَبَّينا في دولة لا تعرف المستحيل، وتعشق التحديات.

وكالة الإمارات للفضاء في ذلك الوقت كانت حديثة النشء، حيث لَم يمضِ على تأسيسها إلا ثلاثة أعوام فقط (تمَّ تأسيس الوكالة في نهاية عام 2014م)، وأحببتُ أن أكون ضمن فريق العمل الطموح الذي يسعى نحو أبعد المسافات في هذا الكون، يسعى إلى الكوكب الأحمر وما بعده!

أتذكر جيداً ذلك الحديث الذي دار بيني وبين أحد زملائي في الإدارة في الهيئة عندما حدَّثتُه عن أمر انتقالي إلى جهة أخرى ورغبتي في ترك الهيئة والاستقالة! نعم الاستقالة، أعلم جيداً أنه ليس بالقرار السهل بل ليس قراراً حكيماً أن أستقيل بعد كل هذه الفترة الطويلة من الخدمة بالحكومة الاتحادية.

كان قرار استقالتي من أكثر القرارات التي سأندم عليها طول حياتي، أذكر جيداً كيف كان والدي – حفظه الله – مراراً

وتكراراً ينبِّهني على موضوع ضمِّ الخدمة إلى المعاشات وعدم الاستعجال في مغادرة أي جهة إلا بعد ضمان ضم الخدمة أولاً.

لم أفاتح أحداً بالموضوع ولا أحدًا من أسرتي إلا المقربين في إدارتي فقط، ولا أنسى اليوم الذي قد طلبني فيه سعادة المدير العام في مكتبه، وعندما قمت بزيارته فاجأني بأنه قد طلب لي النقل الكامل من هيئة تنظيم الاتصالات إلى وكالة الإمارات للفضاء، وأنه عليَّ أن أحصل على خطاب من الوكالة موجَّه إلى الهيئة بطلب نقلي (النقل الكامل) إلى الوكالة.

حقيقة لَم أتمالك نفسي هنا وأنا أسمع منه هذا الخبر غير المتوقع أبداً، لكنها الأرزاق من المولى عز وجل "وعلى نيّاتكم ترزقون"!

أتذكر جيداً في مساء ذلك اليوم الموافق 11 أبريل 2017م، أنني قمتُ بالاتصال بسعادة الدكتور المهندس محمد ناصر الأحبابي، وكان آنذاك مديراً عاماً للوكالة، اتصلت به لأطلب لقاءه في مكتبه، وفعلاً قد رحَّب بي سعادته في مكتبه، وأخذت موعداً للقائه، وتمَّت زيارته.

وبتوفيق من المولى – عز وجل – تيسَّرت جميع الأمور الخاصة بالانتقال من الهيئة إلى الوكالة، وفي غضون شهرين

تقريباً كان آخر يوم لي في هيئة تنظيم الاتصالات والتي أصبح اسمها الجديد (هيئة تنظيم الاتصالات والحكومة الرقمية) كان في يوم 21 يوليو 2017م، وتشاء الصُّدَف من جديد بأن يكون تاريخ 23 يوليو 2017م هو التاريخ الذي ألتحِق فيه بالوكالة، وهو ذاته التاريخ الذي انضممتُ فيه إلى الهيئة في عام 2006م، كما أنني لا أنسى في آخر يوم لي في الهيئة ومكالمة سعادة مدير عام الهيئة يسألني عمَّا إذا كنت أرغب في مواصلة الترشح لمنصب مدير مكتب تنمية الاتصالات، حيث كان سعادته حريصاً – على الرغم من انتقالي للعمل لدى جهة اتحادية أخرى – على أنْ أواصل هذا الترشح، لكنني اعتذرت لسعادته، حيث لا أرغب بالتسبب في أي إحراج مع الجهة الجديدة التي سأنتقل إليها، وكان مقترحه محط تقدير بالغ في نفسي إلى اليوم.

أتذكر جدياً ذلك اليوم الذي أغادر فيه زملائي وإخوتي في هيئة تنظيم الاتصالات بعد قضاء أحد عشر عاماً (2006 - 2017م) كيف كنت متألماً جداً جداً لهذا الرحيل وفرحِاً في نفس الوقت بالمحطات الناجحة في هذه المسيرة والسمعة الطيبة لبلدي، وهذه سُنة الحياة، **يأتي أناس ويرحل أناس.**

الفصل الرابع
الانتقال إلى وكالة الإمارات للفضاء

انتقلنا من عالم الاتصالات إلى عالم الفضاء، لم يكن الأمر بالسهل إطلاقاً عليَّ بأن أترك عائلتي في مجال الاتصالات غير أنَّ خدمة الدولة في أكثر من موقع، ونقل تجربة حقيقية من مكان لآخر هي أحد أهم أهدافي دوماً.

في مسيرتي المهنية تُعتبَر الوكالة المحطة الثالثة بعد هيئة تنظيم الاتصالات ومؤسسة إمارات للاتصالات، وفي اعتقادي بعد مضي أكثر من عشرين عاماً في العمل الحكومي – وما زال ولله الحمد العطاء مستمراً – أنَّ مثل هذا الانتقال يُعتبَر مفيداً، فكما ذكرتُ آنفاً لقد انتقلتُ بشكل كامل من الهيئة إلى الوكالة، وهو الأمر الجائز بحسب النظام المتبع في الحكومة الاتحادية، ومنظومة الموارد البشرية في دولة الإمارات، حيث

إنَّ النقل بجانب الندب أو الإعارة هو أحد المميزات التي يحصل عليها الموظف في الجهات الاتحادية بالدولة.

أذكر ذلك اليوم جيداً والذي رحَّبَت فيه عائلتي الجديدة في وكالة الإمارات للفضاء بانضمامي إليهم، وهي عادة حسنة متَّبَعة إلى اليوم في الوكالة بترحيب إدارة الموارد البشرية بأي موظف جديد ينضم إليها.. أتذكر لقائي الأول الذي جمعني بسعادة الدكتور محمد الأحبابي وهو الذي كان يعمل في القوات المسلحة عندما التقيتُه لأول مرة أثناء تواجدنا في وفد الدولة المشارك في أحد المؤتمرات العالمية للاتصالات الراديوية بجنيف بعام 2003م، أتذكر أنَّ وفد القوات المسلحة آنذاك الذي كان يشارك مع وفد الاتصالات والهيئة في ذلك الوقت كان مكوناً من الإخوة الأفاضل الدكتور محمد الأحبابي وآخرين مِن ممثلي سلاح الإشارة بالقوات المسلحة والذين كانوا يشاركون بفعالية في أعمال وأنشطة الاتحاد الدولي للاتصالات وخاصةً في قطاع الراديو.

وكالة الإمارات للفضاء هي هيئة اتحادية عامة، تمَّ إنشاؤها بموجب مرسوم بقانون اتحادي رقم 1 لسنة 2014 في شأن إنشاء وكالة الإمارات للفضاء، ويشمل القطاع الفضائي جميع الأنشطة والمشاريع والبرامج ذات العلاقة بالفضاء الخارجي

الذي يعلو الغلاف الجوي للأرض، وتختص الوكالة بتنظيم وتطوير القطاع الفضائي الوطني بما يساهم في دعم الاقتصاد الوطني المستدام، وتنمية الكوادر البشرية، ودعم مشاريع البحث والتطوير في قطاع الفضاء، وتعزيز وإبراز دور الدولة على الخريطة الفضائية إقليمياً وعالمياً، وقد تم تعييني كرئيس للعلاقات الدولية والشراكات الإستراتيجية في الوكالة للإشراف العام على ملف التعاون الدولي والشراكات الإستراتيجية للوكالة، ودعم تعزيز سمعة الدولة وخصوصاً في المنطقة العربية بمجال الفضاء والذي وبفضل مِن الله نمَت هذه الشراكات لتصل مع نهاية عام 2020م إلى أكثر من 35 شراكة مع الشركاء ووكالات الفضاء العالمية والمنظمات الدولية البارزة في أنشطة الفضاء، مثل مكتب الأمم المتحدة للفضاء الخارجي بفيينا، والاتحاد العالمي للملاحة الفضائية، والمركز الإقليمي العربي لتدريس علوم وتكنولوجيا الفضاء بالأردن وغيرها.

كنتُ في نهاية عام 2017م قد عزمتُ النية لاستكمال دراسة الدكتوراه في المجال الذي أعشقه وهو مجال الدبلوماسية والعلاقات الدولية لشغفي الشديد به، وارتباطي به ارتباطاً قوياً في العمل الحكومي طيلة الأعوام الماضية التي

قضيتُها في مؤسسة الاتصالات وهيئة تنظيم الاتصالات والحكومة الرقمية، ولهدف جوهري في نفسي وهو نقل التجربة العملية لمسيرتي الشخصية والمهنية المتواضعة، وتحويلها إلى دراسة ومجال بحث للدكتوراه يُستفاد منها بالمجتمع والوسط الأكاديمي.

وبعد بحث واسع عن الجامعات المرموقة التي تقدِّم هذا النوع من برامج الدراسية العليا، لَم أجد حقيقة هذا البرنامج متوفراً في داخل دولة الإمارات، وانتهى بي الأمر إلى الانضمام والقبول في برنامج للدكتوراه في الدبلوماسية والعلاقات الدولية من إحدى الجامعات الأوروبية ومقرُّها في جنيف بسويسرا، هذه الجامعة – ولله الحمد – من الجامعات المرموقة على مستوى أوروبا، ويقع مقرُّها في وسط مكتب الأمم المتحدة لدى جنيف، ويعود تاريخ تأسيسها إلى عام 2003، وقد تخرَّج فيها كثير من الشخصيات البارزة على الصعيد العالمي وعدد كبير مِن الوزراء والسُّفراء، وقد بدأتُ مشوار دراسة الدكتوراه منذ بداية عام 2018م.

وبسبب الثقة الممنوحة لي من إدارة الوكالة ولله الحمد وبسبب الخبرة العملية والمهارات المكتسبة المتواضعة بالعمل الحكومي، تمَّ إسناد لي مهمة أمين سرِّ مجلس الإدارة لتضاف

إلى مهامي الأصلية كرئيس للعلاقات الدولية والشراكات، وحقيقة كانت هذه المرة الأولى في حياتي التي أقوم فيها بالإشراف على وإدارة ملف كبير وحسَّاس مثل ملف مجلس الإدارة لجهة اتحادية والذي يتَّسم بالأهمية القصوى وأعلى درجات النزاهة والمصداقية والسرية، والقدرة على التواصل الراقي والدبلوماسي مع الأعضاء والذي كان عددهم آنذاك 11 عضواً بالإضافة إلى رئيس المجلس ونائبه، والجميل في الأمر والصدفة الطيبة جداً أن تشاء الظروف بأن أكون أمين سر المجلس والذي ترأسه في تلك الفترة زميل الدفعة في الدراسة بالجامعة (كلية اتصالات للهندسة) أحد الوزراء اليوم بالحكومة الاتحادية والذي كان زميلاً لي في نفس صفوف الدراسة بينما كنتُ في الدفعة الثالثة والذي أكمل دراساته العليا في ملبورن بأستراليا.

معالي رئيس مجلس الإدارة السابق عرفتُه وما زال مِن الشخصيات الوطنية المثابرة صاحب البصمة والأثر في مجالات عدة تقلَّدَها في داخل الدولة سواء في مجال الصناعة والتعليم والفضاء والرياضة والسياحة والموارد البشرية، ويقود أيضاً ملف الدولة الخاص بالمشاريع الصغيرة والمتوسطة في وزارة الاقتصاد

كوزير دولة، وكل أمنياتي له الصادقة بالنجاح والازدهار المستمر في حياته ومسيرته.

ومِن الصُّدَف الجميلة جداً والتي لا أنساها أبداً وهي أن يكون نائب رئيس المجلس هو سعادة حمد بن عبيد المنصوري مدير عام الهيئة العامة لتنظيم قطاع الاتصالات والحكومة الرقمية سابقاً ومديري السابق أثناء تواجدي بهيئة الاتصالات، شعور جميل جداً بتواصلي معهما في نطاق عمل مجلس إدارة الوكالة الأمر الذي سبَّب لي سعادة بالغة حقيقة، وأشعرَني بالفخر في ذات الوقت.

ومع دخولنا لعام 2018م، كانت جهتي السابقة هيئة تنظيم الاتصالات والحكومة الرقمية تخطو الخطوات الكبيرة والهامة نحو استضافة المحفل الكبير على مستوى الاتحاد الدولي للاتصالات، وهو مؤتمر المندوبين المفوضين كأول مرة لبلد عربي يستضيف هذا المؤتمر البارز لأقدم منظمات الأمم المتحدة في مجال الاتصالات والذي أفخر أن كنتُ مَن زرع اللبنة الأولى لاستضافته بفضل مِن الله، وتحقيق الحلم الذي راودني شخصياً بينما كنتُ على متن الطائرة التي أقلَّتني من مدينة بوسان بكوريا الجنوبية في نهاية عام 2014م في عودتنا

إلى أبو ظبي بعد النجاح اللافت الذي تحقَّق لوفد الدولة في الانتخابات التي جرَت في ذلك الوقت بكوريا.

وما زلتُ أتذكَّر تلك المكالمة جيداً من مكتب أمين عام منظمة الاتحاد الدولي للاتصالات وهم يبلغوني بأنَّ الأمين العام سيقوم بتكريم نخبة ممَّن ساهموا وقدَّموا مساهمات إيجابية للاتحاد الدولي للاتصالات في مسيرتهم المهنية، وتحديداً ممَّن كانت لهم بصمات ومساهمات إيجابية في تعزيز موقع دُوَلهم الريادي في أعمال المنظمة وفي قطاعاته الثلاثة (الراديو والتقييس والتنمية) ، وكم كنتُ مسروراً جداً وسعيداً ومفتخراً بأن تمَّ اختياري لهذا التكريم ومِن مدينة دبي في دولتي الغالية أثناء انعقاد مؤتمر المندوبين المفوضين والذي كان موعده في أكتوبر 2018م.

وتمضي الأيام وأنا في وكالة الإمارات للفضاء حتى أتى ذلك اليوم الكبير بالنسبة لي وأنا أتسلَّم دعوة شخصية من أمين عام الاتحاد الدولي للاتصالات لحضور حفل افتتاح مؤتمر المندوبين المفوضين بدبي في التاسع والعشرين من شهر أكتوبر لعام 2018م، ويا لها مِن لحظة عظيمة عندما اعتليتُ منصة التكريم لأتسلَّم الميدالية الفضية من الأمين العام للاتحاد الدولي للاتصالات وأمام جمع غفير من وفود الدول الأعضاء

بالمنظمة وكبار الشخصيات البارزة والمسؤولين الذين حضروا من أكثر من 170 دولة! وأتذكَّر جيداً عندما انتهينا من حفل التكريم وأنا أتوجَّه سريعاً إلى مكان جلوس وفد دولة الإمارات العربية المتحدة لأقدِّم الميدالية إلى رئيس الوفد ونائبه عرفاناً وتقديراً لهما ولهيئة تنظيم الاتصالات أولاً وأخيراً على هذه الجهود الجبارة، وعلى التمكين والدعم لي شخصياً وفريق الهيئة لتحقيق هذا الإنجاز الوطني لدولتنا الغالية على خارطة الاتصالات العالمية.

بذلك أكون قد أسدلتُ الستار على واحدة من أعظم الرحلات المهنية لي في مسيرتي المتواضعة، وتحديداً بمجال عملي واختصاصي المباشر بالإشراف على ملف الاتحاد الدولي للاتصالات طيلة الفترة الممتدة من 2001 وحتى 2018، وهي مسيرة تعلَّمتُ منها الكثير وقصص نجاح وتعثُّر، وتحدِّيات كثيرة علَّمَتني أنَّه لا مستحيل مع الإصرار والعزيمة، وهأنا اليوم ومن خلال هذا الكتاب أشعر بالفخر والسعادة عندما أنقل تلك التجارب المتواضعة لأبنائي وأسرتي وأصدقائي وزملائي ومَن حولي وإلى مجتمعي، كما لا يفوتني أن أتوجه بالشكر والعرفان لكل مَن تعلَّمتُ على أيديهم، وساهموا في صقل جزء من شخصيتي، وتحديداً مدرائي الذين عملتُ معهم وضمن فريقهم

سواء في مؤسسة إمارات للاتصالات أو في هيئة تنظيم الاتصالات، جميعهم لهم المحبة والود والتقدير.

وتستمر مسيرتي وإلى اليوم في وكالة الإمارات للفضاء، وتزداد ثقة إدارة الوكالة بإصدار قرار بتكليفي في عام 2018 لإدارة ملف الاتصال الحكومي في الوكالة بسبب شغور تلك الوظيفة.

وتزداد مسؤولياتي بالإضافة إلى عملي الأصلي كرئيس للعلاقات الدولية إلى جانب تكليفي بملفَّي مجلس الإدارة وإدارة الاتصال الحكومي، وعلى الرغم من ازدياد الضغط إلا إنَّني كنت أشعر بالسعادة في وضعي تحت هذه الضغوط والمسؤوليات المتعددة، حيث كنتُ دوماً أرغب باستمرارية التعلُّم وتحمُّل المسؤولية ومساعدة الآخرين مِن حولي، كما أنَّني قد التحقت بعام 2018م ببرنامج دبلوم الابتكار الحكومي التابع لمكتب محمد بن راشد للابتكار الحكومي وبالتعاون مع جامعة كامبريدج البريطانية، وسافرنا مع مجموعة كبيرة من الزملاء إلى بريطانيا وتحديداً مدينة كامبريدج كجزء مِن متطلبات هذا البرنامج لمدة ثمانية أيام، ولله الحمد تشرَّفنا كدفعة رابعة مِن تسلُّم شهادة الدبلوم في الابتكار الحكومي مِن صاحب السمو الشيخ محمد بن راشد آل مكتوم راعي الابتكار المؤسسي والحكومي بالدولة في

قصر الوطن بأبو ظبي، وكان شعوراً يملؤه الفخر وأنا أسلِّم على سمّوِه، وأتسلَّم الشهادة مع زملائي الآخَرين.

ومع بداية عام 2019م تمَّ تكليفي كذلك بقرار آخَر بإدارة ملف الابتكار كرئيس تنفيذي للابتكار كما هو العرف المتَّبَع في جميع الدوائر والمؤسسات الحكومية بوجود مثل هذا المنصب المسؤول عن إدارة ملف الابتكار.

حقيقةً كان عام 2019 مليئاً بالإنجازات على المستوى الشخصي، وكذلك لوكالة الإمارات للفضاء تحديداً ولدولة الإمارات وللمنطقة العربية، ففي مارس من العام نفسه كنا مع محطة من محطات النجاح وتعزيز مكانة الدولة بالمنطقة العربية وعلى مستوى العالم، تحديداً في مجال الفضاء عندما أعلن سيدي صاحب السمو الشيخ محمد بن راشد آل مكتوم عن تأسيس تكتُّل عربي في مجال الفضاء يضم إحدى عشرة دولة عربية هي (الإمارات، والسعودية، والبحرين، والكويت، وعُمان، ومصر، ولبنان، والجزائر، والمغرب، والسودان، والأردن) مدشِّناً المجموعة العربية للتعاون الفضائي لأول مرة بالمنطقة العربية معلناً أبو ظبي مقراً للمجموعة في دورتها الأولى.

كان هذا المشروع العربي حلماً قديماً للوكالة قبل انضمامي، وأذكر أنَّ المشروع في بداية الأمر كان عبارة عن اجتماعات عادية جداً تضمُّ عدداً بسيطاً من الدول، مثل السعودية، والأردن، ولبنان، والمغرب، والجزائر، حتَّى أصبح اليوم حقيقةً بتأسيس هذا الكيان العربي بشكل رسمي كأول مجموعة عربية متخصصة بمجال الفضاء أُسنِد إليها مسؤولية المساهمة في تعزيز مكانة المنطقة العربية في مجال الفضاء.

وكان هنا لا بدَّ مِن وضع إطار عام لهذا الكيان العربي وميثاق يوحِّد جميع هذه الأهداف والمسؤوليات، وهو ما تمَّ إسناده لي للعمل جنباً إلى جنب مع جميع الدول العربية، ومع وزارة الخارجية والتعاون الدولي بالدولة، وسفارات الدولة في هذه الدول العربية الإحدى عشرة من أجل الموافقة على مسودة الميثاق الخاص بالمجموعة العربية، وأتذكَّر جيداً كيف كان التحدي متمثِّلاً في إقناع الدول العربية للموافقة على النصوص المقترَحة في هذا الميثاق.

كان من مسؤولياتي ضمن هذا العمل كذلك هو محاولة إقناع أكبر عدد من الدول العربية للدخول والانضمام إلى هذه المجموعة العربية، وفعلاً تمكَّنتُ ولله الحمد وبجهود فريق

العمل في الوكالة من النجاح في إقناع ثلاث دول أخرى انضمَّت إلى المجموعة العربية، وهي تونس، والعراق، وموريتانيا، وكان ذلك في أثناء اجتماع رسمي للمجموعة العربية للتعاون الفضائي عُقِد بدبي أثناء انعقاد معرض دبي للطيران في نوفمبر من العام 2019م، وأصبحَت بذلك المجموعة مكونة من أربع عشرة دولةً عربيةً في هذا التكتُّل العربي المبارك.

وتتوالى الإنجازات والمحطات العظيمة ولله الحمد بفضل رؤية سديدة لإدارة الوكالة وجهود كبيرة من فريق العمل، حيث أتذكَّر أن قدَّمتُ في بداية عام 2019م مقترحاً لإدارة الوكالة بفرصة التقدم إلى جائزة القمة العالمية لمجتمع المعلومات، تلك القمة التي تُعقَد سنوياً تحت مظلة الأمم المتحدة والاتحاد الدولي للاتصالات بجنيف، حيث راودني حلم تحقيق هذه الجائزة الدولية المرموقة عند انضمامي لوكالة الإمارات للفضاء في يوليو من العام 2017م للمرة الثانية، ولكن هذه المرة من موقعي في الوكالة، وفعلاً حَظِيَ مقترحنا بالموافقة من الإدارة، وعمِلنا عليه مع الفريق حتى أتى اليوم الذي أتلقى فيه مكالمة هاتفية من مكتب مدير عام هيئة تنظيم الاتصالات يبلغونني بفوز ورقة العمل التي قُدِّمت من جانبنا حول دور الشراكات الدولية في تعزيز ودعم أهداف التنمية المستدامة بمجال

الفضاء، ودور ذلك في خدمة (خط العمل C11 من أهداف التنمية المستدامة) وأنَّ عليَّ السفر مع وفد الدولة برئاسة سعادة نائب مدير عام الهيئة إلى جنيف في أبريل من العام نفسه، وفعلاً سافرنا مع وفد الدولة والذي كان يضمُّ عدداً كبيراً من الجهات والمؤسسات المعنية بالدولة المشاركة في هذه النسخة من القمة، وأتذكر جيدًا حينها عندما اعتليتُ منصة التكريم لأُمنح جائزة القمة العالمية لمجتمع المعلومات وأتسلَّم درع الجائزة مِن أمين عام الاتحاد الدولي للاتصالات أتذكَّر جيداً حينها عندما نودي على اسمي كممثل لوكالة الإمارات للفضاء للصعود على المنصة لتسلُّم التكريم أن توجَّهتُ إلى مكان جلوس رئيس الوفد لأطلب منه الصعود معي إلى المنصة لتسلُّم التكريم تقديراً واحتراماً له، ويا لها من فرحة كبيرة لا توصف بأن تكرَّم إدارة العلاقات الدولية مرتين في هذا المحفل الكبير للقمة، المرة الأولى في عام 2016م عندما كنتُ في هيئة تنظيم الاتصالات، والثانية في عام 2019م عندما كنتُ في وكالة الإمارات للفضاء عن دور دولة الإمارات العربية المتحدة والشراكات الدولية والدبلوماسية تحديداً في دعم أهداف التنمية المستدامة، وبذلك أكون بفضل من الله أول مَن يتسلَّم جائزتين لذات

الهدف (الهدف ١٧ مِن أهداف التنمية المستدامة) في تاريخ القمة بمجالين مختلفين، هما الاتصالات والفضاء.

وكم كنتُ مسروراً جداً في أواخر عام 2019م بمنحي مجدداً ثقة إدارة الوكالة، وتكليفي بمهام مدير عام مكتب المدير العام بالإضافة إلى مهامي الأساسية الأخرى، وذلك لشغور المنصب، وهي مسؤولية كبيرة أخرى بأن أكون مسؤولاً عن إدارة مكتب المدير العام بجانب المسؤوليات الأخرى.

واختتمنا عام 2019م بمحطات ناجحة أخرى في المسيرة المهنية، حيث تشرَّفتُ بزيارة إلى معالي أمين عام الجامعة العربية الدكتور أحمد أبو الغيط برفقة سعادة مدير عام الوكالة السابق في سبتمبر من العام 2019م للسلام عليه، ولتقديم نبذة مختصرة عن برنامج الفضاء الإماراتي أمام اجتماع مجلس الشؤون الاقتصادية والاجتماعية بالجامعة العربية، حيث تمَّ تقديم شرحٍ وافٍ عن البرنامج وأهدافه وطموحاته والذي لاقى استحساناً كبيراً لدى اللجنة وأعضائها.

وندخل عام 2020م الجديد حذِرين مترقِّبين كيف سيكون الحال بوجود الضيف الثقيل "كورونا" والذي رغم كل شيء، لله الحمد مِن قبل ومِن بعد على هذه الظروف والتي نسأل الله —

عز وجلَّ – السلامة للجميع، والخروج منها – إن شاء الله – معافين سالمين وجميع مَن حولنا.

وبرغم هذه الظروف والمحنة وبسبب تداعيات مرض الكورونا، أتى عام 2020م حاملاً معه البشرى والخير للدولة الغالية وللوطن العربي، وتحديداً عندما تمكَّنَت الدولة من خلال وكالة الإمارات للفضاء ومركز محمد بن راشد للفضاء من اجتياز كافة الصعاب والتحديات في إرسال أول مسبار عربي للكوكب الأحمر "**مسبار الأمل**" وتحديداً في تاريخ 20 يوليو 2020 معلنةً بذلك انضمامها رسمياً إلى نادي الكبار وتكون واحدة من بين تسع دول فقط تطمح لاستكشاف هذا الكوكب.

وتتكلَّل جميع هذه الجهود الدولية والوطنية بالتوفيق عندما وصل المسبار إلى مداره إلى المريخ في التاسع من فبراير عام 2021، تزامناً مع احتفالات ذكرى مرور خمسين عاماً على قيام اتحاد دولة الإمارات العربية المتحدة.

فالحمد لله على جميع هذه الجهود وهذه البصمات والإنجازات التاريخية التي تخطَّت حدود الأرض نحو السماء والفضاء، وهذه عادة دولة الإمارات العربية المتحدة بفضل الرؤية الصادقة والمترجمة بكلِّ أمانة وصدق حلم زايد الخيرباني الدولة – رحمه الله وأدخله فسيح جناته – ونحن جميعاً حكومةً

وشعباً على هذه الخُطى نسير ولأبنائنا من بعدنا – إن شاء الله –
ماضون على نفس النَّهج من الدبلوماسية الدولية المؤثرة، وتعزيز
مكانة الإمارات عالياً وللقوة الناعمة التي كانت وما زالت تتمتع بها
دولتنا الغالية على الخارطة العالمية في جميع المجالات.

ولنا في الحديث تكملة إن شاء الله إن كان للعمر بقية،
والقادم أفضل بعون الله، والحمد لله رب العالمين.

جدول يوضح عضويتي في عدد من المجالس واللجان الدولية والعربية في مسيرتي المهنية
(2001 – 2021م):

المؤسسة	المسمى الوظيفي	تاريخ بدء العمل	تاريخ نهاية العمل
الخبرات العملية			
وكالة الإمارات للفضاء	رئيس العلاقات الدولية والمنظمات – مكتب المدير العام	2017-07-23	حتى الآن
وكالة الإمارات للفضاء	مدير مكتب المدير العام	فبراير 2020	فبراير 2021
وكالة الإمارات للفضاء	الرئيس التنفيذي للابتكار	أكتوبر 2019	حتى الآن
وكالة الإمارات للفضاء	سكرتير مجلس الإدارة	سبتمبر 2017	فبراير 2021

جامعة الدول العربية	أمين سر المجموعة العربية للتعاون الفضائي	مارس 2019	حتى الآن
مؤسسة معهد مهندسي الكهرباء والإلكترونيات IEEE	عضو خبير في المعهد (professional)	2020	حتى الآن
جامعة خليفة	عضو في المجلس الاستشاري لمركز الأبحاث في النظم الإلكترونية وأجهزة الاستشعار	2019	حتى الآن
الجامعة الأمريكية - دبي	عضو المجلس الاستشاري	2013	2015
جامعة عجمان للتكنولوجيا والعلوم	عضو المجلس الاستشاري	2013	2015

منظمة الاتحاد الدولي للاتصالات	أول إماراتي وخليجي منتخب لمنصب قيادي بمنظمة الاتحاد الدولي للاتصالات بجنيف في مجلس مكون من 12 خبيراً فقط على مستوى العالم بمجال اللوائح الراديوية وشؤون مدارات الأقمار الصناعية	2015	2018
الهيئة العامة لتنظيم قطاع الاتصالات	مدير إدارة الشؤون الدولية – مكتب المدير العام	2006	2017
جامعة الدول العربية	عضو اللجنة التنفيذية لمجلس الوزراء العرب للاتصالات والمعلومات	2003	2017

جامعة الدول العربية	عضو مجلس الوزراء العرب للاتصالات والمعلومات	2003	2017
جامعة الدول العربية	عضو الشبكة العربية لهيئات تنظيم الاتصالات والمعلومات	2003	2017
جامعة الدول العربية	عضو فريق بلورة إستراتيجية الاتصالات والمعلومات	2007	2017
جامعة الدول العربية	عضو اللجنة التشاركية العربية للإعلام والاتصالات	2008	2009
جامعة الدول العربية	عضو فريق التشغيل والمعرفة	2003	2017
جامعة الدول العربية	عضو الفريق العربي للطيف الترددي	2003	2017

مجلس التعاون لدول الخليج العربي	الدور		
مجلس التعاون لدول الخليج العربي	رئيس المجموعة الخليجية للتحضير للمؤتمر العالمي لتنمية الاتصالات 2014 للاتحاد الدولي للاتصالات	2013	2014
مجلس التعاون لدول الخليج العربي	عضو اللجة الفنية للاتصالات	2003	2017
مجلس التعاون لدول الخليج العربي	عضو فريق التداخلات الراديوية بين قوات الدفاع الأمريكية ودول مجلس التعاون	2007	2017
مجلس التعاون لدول الخليج العربي	عضو فريق تنسيق الترددات الإذاعية	2007	2017
مجلس التعاون لدول الخليج العربي	عضو فريق التغطية المتجاوزة للحدود	2007	2017

مجلس التعاون لدول الخليج العربية	عضو اللجنة الوزارية الخليجية للاتصالات	2003	2017
مجلس التعاون لدول الخليج العربي	عضو لجنة وكلاء وزارات الاتصالات	2007	2017
مجلس التعاون لدول الخليج العربي	عضو اللجنة التوجيهية للاتصالات	2003	2017
مجلس التعاون لدول الخليج العربي	عضو فريق الأمن السيبراني	2007	2017
مجلس التعاون لدول الخليج العربي	عضو اللجنة الخليجية للحكومة الإلكترونية	2015	2017

مجلس التعاون لدول الخليج العربي	رئيس المجموعة الخليجية للتحضير للجمعية العالمية لتقييس الاتصالات للاتحاد الدولي للاتصالات 2016	2015	2016
جامعة الدول العربية	رئيس المجموعة العربية للتحضير لمؤتمر المندوبين المفوضين للاتحاد الدولي للاتصالات 2014	2010	2014
جامعة الدول العربية	رئيس اللجنة العربية الدائمة للاتصالات والمعلومات للأعوام 2010 و2011 و2013 و2015	2010	2015
منظمة الاتحاد الدولي للاتصالات	أول عربي يترأس لجنة مجلس الاتحاد الدولي للاتصالات للإشراف على الذكرى الخمسين بعد المائة لقيام الاتحاد الدولي للاتصالات على مستوى العالم	2012	2014

منظمة			
منظمة الاتحاد الدولي للاتصالات	رئيس اللجنة المالية للجمعية العالمية للاتصالات الراديوية 2012	2012	2012
منظمة الاتحاد الدولي للاتصالات	نائب رئيس اللجنة الخاصة لقطاع الراديو المسؤولة عن القضايا الإجرائية والتنظيمية	2008	2012
منظمة الاتحاد الدولي للاتصالات	رئيس مجموعة العمل 5أ في المؤتمر العالمي للاتصالات الراديوية	2007	2007
منظمة الاتحاد الدولي للاتصالات	نائب رئيس اللجنة الدراسية الرابعة المسؤولة عن الخدمات الساتلية	2004	2007

| منظمة الاتحاد الدولي للاتصالات | مقرر الفصل الثالث للاجتماع التحضيري للمؤتمر العالي للاتصالات الراديوبة | 2004 | 2007 |
| مؤسسة إمارات للاتصالات - اتصالات | مهندس شؤون الاتحاد الدولي للاتصالات | 2001 | 2006 |

أمين عام الاتحاد الدولي للاتصالات هولن زهاو يكرّم المهندس ناصر عبد اللطيف بالميدالية الفضيَّة في مؤتمر المندوبين المفوَّضين في عام ٢٠١٨ بدبي.